*"The real voyage of discovery
consists not in seeing new landscapes,
but in having new eyes!"*

MARCEL PROUST

Gabriele Euchner

Schlüsselfaktor Motivation

Entrepreneurship:
vom Mit-Arbeiter zum Mit-Unternehmer!

ENCHANTED MESA PUBLISHING

Die Schreibweise in diesem Buch entspricht
den Regeln der neuen Rechtschreibung.
1 2 3 4 5   12 11 10 09 08
ISBN 978-3-9812195-0-0
Alle Rechte vorbehalten
© Enchanted Mesa Publishing 2008
Gestaltung: Birgit Feigl
Herstellung: Gloor GmbH, München
www.gloor.de
Printed in Germany

INHALT

LEGENDÄR! 7

WHAT'S IN IT FOR ME? 15
Echte Motivation kommt von innen!

DER MYTHOS VON ZUCKERBROT UND PEITSCHE! 21
Führungsstile, die Menschen in die Irre führen!

DIE KOMPETENZEN DES ENTREPRENEURS! 29
Das Umfeld und die Voraussetzungen!

DIE SCHLÜSSEL ERFOLGREICHER MOTIVATION! 47
DER MENSCHLICHE FAKTOR! 53
Verhalten verstehen!
Alles im Leben beginnt mit … ? 55
6 emotionale Grundbedürfnisse! 60
Wahrnehmungstypen und Wahrnehmungsfilter! 68
Fokus – Emotion – Physiologie/Sprache! 74

VOM MIT-ARBEITER ZUM MIT-UNTERNEHMER! 81
Verhalten verändern!
Make Me Feel Important! 86
Akzeptanz, Wertschätzung, Recognition!
The Power of Focus! 106
In 7 Schritten zum Ziel und zum Erfolg!
Communication Excellence! 121
Kommunikationsstärke ist mehr als Rhetorik!
Risk and Responsibility! 146
Risikobereitschaft, Verantwortung zulassen!
A brand called YOU! A brand called WE! 157
Ein Entrepreneur ist eine unverwechselbare Marke!

MAKE A DIFFERENCE! SIE SIND DAS VORBILD! 167

Literatur- und Quellenhinweise 172
Über die Autorin 174

Legendär!

Es gab einmal eine Zeit in meinem Leben als Managerin, die ich als die Beste bezeichnen würde! Es liegt schon mehr als ein Jahrzehnt zurück, aber das, was damals geschah, konnte ich später in keinem anderen Unternehmen mehr erleben. Es war der Führungs- und Kommunikationsstil, der durch die Geschäftsleitung vorgelebt wurde, der den Unterschied machte. Klare Ziel- und Profitorientierung, die Offenheit und die Chancen, ja sogar die Pflicht, neue Wege zu beschreiten, respektvolles, kooperatives und vertrauensvolles Miteinander, sportlicher Ehrgeiz und Spaß. Und keiner von uns, die damals zusammengearbeitet haben, hat diese Zeit je vergessen. Wir sind heute noch in Kontakt miteinander, egal, wer wo auf der Welt gerade steckt.

Kurz gesagt, wenn Manager heutzutage wüssten, wie viel Potential in jedem Einzelnen wirklich steckt und welche Wege sie gehen können bzw. müssen, damit sie diese Talente mobilisieren, welche immense Motivation und Begeisterung tatsächlich dann möglich ist und bei allem noch richtig Spaß haben, sie würden sofort kehrt machen und neu starten. Stattdessen sind Zuckerbrot und Peitsche, Kontrolle und Effizienz heute noch immer die Parameter und Stützpfeiler, auf denen die Führung von Mitarbeitern und Managern aufgebaut ist. Die Zeiten haben sich bekanntermaßen geändert. Und die jetzige Generation an Jung-Managern erst Recht. Die Technologien und die Wahrnehmung von Menschen, der Umgang innerhalb und zu anderen Unternehmen und Nationen sind durchlässiger, transparenter geworden. Und wir Menschen sind global persönlich näher aufeinander gerückt durch Internet und Telekommunikation. Wir kommunizieren direkter, schneller und vergleichen uns miteinander! Was wird wo und wie anders gemacht und mit welchen Ergebnissen. Dem Führungsstil von Managern oder der gelebten Führungskultur in Unternehmen und ihren Auswirkungen auf andere Menschen wird dabei als Kriterium noch wenig Beachtung geschenkt! Heutzutage sollten gerade internationale Maßstäbe für die Führung von Mitarbeitern gelten, um Kreativität, Innovation und Geschäfts- bzw. Unternehmenserfolge zu ermöglichen.

Das Unternehmen in dem ich damals arbeitete, hieß Philip Morris und wir waren die Marketing und Sales Manager von „Marlboro". Zusammen mit dem damaligen General Manager Günther Wille (1943 – 1993) und seinen Geschäftsführern aus Marketing, Vertrieb, Produktion, HR und Finanzen war der immense Erfolg der Marlboro-Gruppe zu bewerkstelligen! Und nicht zu vergessen, die verantwortlichen Manager im Headquarter, denn sie ließen uns machen. Nicht immer ohne Kampf, aber so lange wir erfolgreich waren, hatten wir freie Hand. Eine gute Einstellung und die einzig motivierende Haltung erwachsenen Männern und Frauen gegenüber! Wie man in diesem sehr schwierigen Tabakmarkt erfolgreich gegenüber dem Wettbewerber auftritt und gewinnt, ist nicht nur Wissenssache. Auch keine Frage der Intelligenz. Es gilt, die richtigen Schlussfolgerungen aus den Analysen zu ziehen, exzellentes Handlungsgeschick zu zeigen und menschliches Verhalten an den Tag zu legen. Und den Ehrgeiz zu haben, die richtigen Entscheidungen zu treffen und das Richtige tun zu wollen! Diese Frage „Ist es richtig, so zu handeln?" haben wir uns immer gestellt.

Wesentlich lag der Unterschied auch in der Persönlichkeit und in der Verhaltensweise jedes Einzelnen bzw. im Umgang miteinander. Wir waren eine Gruppe von Individualisten, die sich in ihren Projekten selbst verwirklichten! Tatsächlich. Das war der unbedingte Wunsch, der von jedem in die Realität umgesetzt werden konnte, ohne es offen zur Schau zu stellen. Der Rahmen für das Management von Marlboro war zwar gesteckt, der Handlungsspielraum und Gestaltungsfreiraum jedoch immens groß. Etwas, das Kollegen aus anderen Unternehmen oder Werbeagenturen am Wenigsten vermuteten. Jeder von uns ist auch seinem Instinkt gefolgt, hat im Team diskutiert, Feedback eingeholt und dann entschieden. Das geht, das ist kein Widerspruch! So werden persönliche Ziele mit denen des Unternehmens verknüpft. So, als sei es das eigene Unternehmen. So ist die Identifikation mit dem Unternehmen möglich.

Neue, innovative Ideen im Marketing waren möglich, weil die Geschäftsleitung die Voraussetzungen dafür geschaffen hatte, dass wir entsprechend frei und kreativ agieren konnten. Wie? Durch einen Führungsstil, den ich heute mit „Entrepreneurship" bezeichnen würde. Man erlaubte uns, zu denken und uns so zu verhalten, als ob uns das Unternehmen selbst gehören würde, inklusive der Übernahme der Verantwortung, wenn etwas schief ging. Trotzdem hatten wir immer das sichere Gefühl, dass die Geschäftsleitung uns unterstützte, an uns glaubte. Unser gemeinsame Mission war für jeden klar: die Nummer 1 werden und die Nummer 1 bleiben im Markt.

Eigeninitiative, Kreativität und Know How durften Platz nehmen und ist für diejenigen, die so und nicht anders arbeiten wollen, der beste Führungsstil, den es gibt: vom „Mit-Arbeiter" zum „Mit-Unternehmer"! Das ist der Schlüsselfaktor für Motivation, der aus dem Innern kommt und nicht erkauft werden kann. Es gilt ein Umfeld zu schaffen, das den Fokus legt auf das individuelle Potential jedes Einzelnen und gleichzeitig vernetzt im Team zu arbeiten, national oder international. Vertrauen, emotionale Sicherheit, Team-Spirit, Vorbild sein für Integrität und menschliches Verhalten! Die Konsequenz? Sie werden belohnt mit Begeisterung, Engagement, Motivation, Ideen, Innovationen auf allen Ebenen. Ihre Mitarbeiter werden stolz sein auf die Anerkennung für den nachweislich eigenen Anteil an der Arbeit und am Erfolg des Unternehmens. Hochmotivierte Mitarbeiter, High Performance Teams und die Nummer 1 werden zu wollen oder zu bleiben, sind das Ergebnis.

Es funktioniert tatsächlich. Philip Morris wurde die Nummer 1 in Deutschland sowie die Nummer 1 weltweit und ist bis heute die Nummer 1 geblieben. Als ich das Unternehmen nach sieben Jahren verließ, war der Marktanteil für die Marlborogruppe auf knapp 50% gewachsen – das in einem rückläufigen Markt und mit den Gesetzen des reinen Verdrängungswettbewerbs. Der Erfolg war legendär. Und einige fragten sich und mich dann später, was wir den anderes gemacht haben als alle anderen, was unser Geheimnis war.

Vom Mit-Arbeiter zum Mit-Unternehmer! Entrepreneurship in einem Unternehmen ist der Schlüsselfaktor für erfolgreiche Motivation und professionelles Management! Die Kompetenzen und Verhaltensweisen, die gefordert und gefördert wurden, sind:

Individualität und Gestaltungsfreiraum:
Bevorzugung von individuellem Wissen, Erfahrungen und Ideen! Kreativität fordern, persönliche Stärken fördern, kritische Meinung als Pflicht!

Vertrauen
Vertrauen in die Richtigkeit von Entscheidungen und Handlungen der Mitarbeiter! Vertrauen aufbauen und langfristig halten ist keine Einbahnstraße, sondern funktioniert im Austausch!

Emotionale Sicherheit
Emotionale Sicherheit geben! Diskussionen werden über die Sache geführt und nicht über die Person bzw. als Aufhänger zur Infragestellen der Person genutzt.

Kommunikationsstärke
Respektvoller Umgang miteinander, Vertrauen zueinander und Sympathie füreinander drückt sich in eindeutigem Verhalten aus – verbal und non-verbal!

Risikobereitschaft
Neues wagen, das mögliche Scheitern antizipieren, die Konsequenzen kennen – und in Kauf nehmen! Ziel: neue Ideen und Innovationen!

Verantwortung
geben und übernehmen für das, was getan wurde (keine Schuldzuweisungen oder Rechtfertigungen)!

Team-Spirit
Respekt vor dem Know How und der Individualität aller innerhalb des Teams.

Flexibilität und Schnelligkeit
„The speed of the leader is the speed of the gang!"

Professionelles Arbeiten und Management
ist die Basis und nicht verhandelbar! Keine Diskussion. Es gibt ein gemeinsames Verständnis, was genau darunter zu verstehen ist und was erwartet wird.

Ein neuer Führungs- und Kommunikationsstil wie „Entrepreneurship", muss in erster Linie von den Top und Senior Managern eines Unternehmens vorgelebt werden, um die Wirkung als Motivationsinstrument und den Effekt auf die Unternehmensleistung voll zum Tragen kommen zu lassen. Laut einer neuesten Studie von Tower Perrins (veröffentlicht am 22.10.2007 in Spiegel Online) haben die Vorstände an der Spitze weltweit operierender Konzerne einen wesentlich höheren Einfluss auf die Motivation der Mitarbeiter als bisher angenommen und vor allem sehr viel höher als die direkten Vorgesetzten! Das ist wirklich interessant.

90.000 Angestellte in 18 Ländern wurden befragt. „Das Bild, das die Vorstände von Konzernen den Mitarbeitern vermitteln und ihr Verhalten, wirken stärker als vermutet", heißt es. Die Entwicklung der in der Studie einbezogenen Unternehmen zeigte, dass sich motivierte Mitarbeiter auch auf die Bilanzen positiv auswirkten! Unternehmen mit den meisten einsatzfreudigen Mitarbeitern konnten ihren Umsatz pro Jahr im Durchschnitt um 19 Prozent steigern, den Wert ihrer Aktien sogar um 28 Prozent. Umgekehrt mussten die Schlusslichter pro Jahr einen durchschnittlichen Umsatzverlust von 33 Prozent (!) hinnehmen. 21 Prozent der Mitarbeiter setzen sich überdurchschnittlich für ihre Arbeit ein, d. h., sie taten mehr als gefordert, um dem Unternehmenserfolg zu sichern. 38 Prozent seien dagegen desillusioniert und unengagiert, was ihre berufliche Tätigkeit angeht. Das sind einfach zu viele Menschen, die unmotiviert ihrer Arbeit nachgehen. Verschwendete Zeit für alle. Ich kann mir jedoch vorstellen, dass ein Teil von ihnen eine neue Sichtweise braucht und neue Ideen, um sich wenigstens durchschnittlich für ihre Arbeit einzusetzen.

Etwas freundlicher sieht es aus, wenn wir uns die verbleibende Mehrheit von 41 % näher betrachten. Sie liegen im Mittelfeld – nicht Fisch und nicht Fleisch und das bedeutet auch, dass die Chancen hoch sind, sie zu mobilisieren!

Die Tower-Perrins-Studie bestätigt, dass der Führungsstil der Vorstände, der Geschäftsleitung und des Senior Managements die Motivation nach oben oder nach unten ziehen kann. Dieses zu wissen ist heute umso wichtiger, da die globale Welt des Business sich durch neue Herausforderungen, durch Bahn brechende Innovationen, neue Technologien und neue ökonomische Entwicklungen wirklich sehr verändert hat. Menschen bleiben trotzdem Menschen am Ende des Tages. Ihre Bedürfnisse, ihre Wünsche, Ängste und ihre Hoffnungen für ihr eigenes Leben bleiben in ihrem Kern, in ihrem Wesen trotzdem dieselben.

Dieses Buch ist das Ergebnis vieler Quellen: tausende Meetings und Gespräche mit Managern jedweder Art, aus unterschiedlichen Branchen und Nationen kommend, auf allen Hierarchiestufen, als Managerin selbst mit Mitarbeiterverantwortung, als Consultant und Trainerin in internationalen Konzernen. Meine Lehrmeister waren und sind Manager, Executives, Unternehmer und Neulinge in Start up Unternehmen. Vorwiegend Männer und ein paar Frauen aus Ost- und West-Europa, Central-Europa, Asien und aus den USA. Faszinierend, charismatisch, integer, sehr professionell. Und dann gab es auch solche, die in allen genannten Punkten nicht so hoch punkteten. Egomanen und Tyrannen, die Gehorsam forderten und sich mit Drohgebärden durchzusetzen versuchten. Es gelang ihnen meistens. Einige ganz ruhig, andere cholerisch und emotional unberechenbar. Die Kammer des Schreckens verbirgt dann noch die Sadisten, Intriganten, Kontrollfreaks und so genannte Micro-Manager, die alles am liebsten selber machen, weil sie glauben, nur sie können es am besten. Ach ja, und nicht zu vergessen die Neider und die zu kurz Gekommenen. Eins habe ich allen Lehrmeistern zu verdanken: ich durfte erleben, bei mir und bei anderen, wie ein solches Führungsverhalten auf Menschen wirkt und was es anrichten kann. Wundern Sie sich noch über die Ergebnisse und Zahlen von Tower Perrins?

Die Benchmark für exzellentes Managementverhalten und Unternehmensperformance ist für mich immer noch der Führungsstil der Manager und Geschäftsführer von Philip Morris. Den posthumen Vergleich führen im Übrigen alle durch, die damals dabei waren und die heute in anderen Unternehmen und Positionen arbeiten. Motivation ist der Schlüsselfaktor und kommt aus „Entrepreneurship" oder „Mach Dein Ding" wie ein befreundeter Manager seinen Leuten als Auftrag kürzlich zuwarf.

Es kann tatsächlich gelebt werden und man kann es jemandem beibringen, damit das Beste gefordert und gefördert wird: Menschen in ihrer Einzigartigkeit!

Dieses Buch ist als Praxisbuch für Manager zu verstehen. Es soll Ihnen Instrumente an die Hand geben, neue Wege auszuprobieren. Sie lernen, wie Sie Mitarbeiter und Manager mit einer neuen Motivation und einem „entrepreneurial mindset" ausstatten! Einige der Vorschläge werden Sie wahrscheinlich schon kennen. Anderes werden Sie zwar kennen, aber noch nicht konsequent umgesetzt haben. Und es wird Ihnen einiges gezeigt, das Sie überraschen wird! Durch einen Wechsel der Perspektive, durch ein neues oder durch konsequentes Handeln, wird ein neues Miteinander und professionelles Management gelebt auf Basis der drei Säulen erfolgreicher Unternehmensführung:

- Entwicklung und Management von sich selbst
- Entwicklung und Management von anderen und
- Entwicklung und Management von Business, d. h. Unternehmensziele und Strategien.

Ich empfehle Ihnen in jedem Fall, die Instrumente und Fragen zunächst selbst und bei sich auszuprobieren. Dann erst können Sie nachvollziehen, welche Wirkungen erzielt werden können.

Die innere Motivation Ihrer Mitarbeiter und Manager aufzubauen und weiter zu entwickeln ist das Ziel. Wenn Sie das erreichen, ist Ihnen der Erfolg des Unternehmens sicher, und das heißt Ihr Erfolg.

An dieser Stelle möchte ich ein großes Danke aussprechen an alle damals beteiligten Menschen bei Philip Morris. Danke für die wunderbaren Begegnungen, die sensationellen Projekte, die Chancen und die gemeinsame Zeit. Mein Leben hat dadurch eine entscheidende Wende genommen. Ich wäre nicht der Mensch und die Managerin geworden, die ich heute bin.

Ein tief empfundenes Danke an dieser Stelle auch an meine Freunde und meine Familie, die mir die emotionale Rückendeckung gegeben haben, dieses Buch realisieren zu können.

München, im Januar 2008!

Gabriele Euchner

What's in it for me?
Echte Motivation kommt von innen!

In der Welt des Managements, in den internationalen Konzernen, gibt es viele großartige Menschen und solche, die es noch werden wollen. Manager, Macher, Wissenschaftler und Experten jedweder Couleur. Die, die an der Spitze sind in einem Unternehmen, die Top Manager, haben die schwierigste Aufgabe von allen: sie treffen Entscheidungen, die auf Analysen, Annahmen und Informationen beruhen, die ihnen von ihren Mitarbeitern vorgelegt werden. Die Prüfung der Richtigkeit ist selten möglich. Ihnen bleibt nichts anderes übrig als zu vertrauen auf die Zuverlässigkeit der Informationen. Die richtigen Schlussfolgerungen zu ziehen ist eine Kunst, die ihnen nach wie vor obliegt. Entscheidungen werden immer und trotzdem unter Unsicherheit und Risiko getroffen, in einem Maße, bei denen sich die meisten Menschen völlig überfordert fühlen würden ob der Konsequenzen und der Verantwortung, die sie in dem Augenblick für viele Menschen tragen. Das muss man können und das muss man wollen!

Bei aller Kritik, die ständig auf Manager bzw. Führungskräfte niederprasselt, vergessen die meisten Mitarbeiter eins: den eigenen Anteil, den sie selbst an dem Erfolg bzw. Misserfolg eines Geschäftsführers oder Vorstands haben. Egal, auf welcher Hierarchiestufe sie stehen oder in welcher Abteilung sie arbeiten.

Diesen immens wichtigen eigenen Anteil unterschätzen bzw. gar ignorieren die meisten und unterschätzen dabei im gleichen Atemzug den eigenen Gestaltungsfreiraum. Seien Sie versichert, dass kein Top Manager auf dieser Welt in der Lage ist, grundlegende Veränderungen in einem Unternehmen zu bewirken ohne die Erlaubnis seiner Mitarbeiter, Vorstandskollegen oder anderer Manager zu haben. Auch die, die im Stillen gegeben wird. Auch sich nicht einmischen, nichts sagen oder keinen Kommentar zu geben, beeinflusst eine Entscheidung. Es ist einfach so. Alle sitzen in dem selben Boot, auch wenn einige das gerne und ganz weit von sich weisen. Jeder ist Täter, keiner ist Opfer. Und es sollte keiner die Verantwortung nach oben delegieren dürfen oder dies zulassen.

Welches ist die Management- und Denkkultur, die Sie in Ihrem Unternehmen sehen und erleben möchten? Was wird gedacht, getan und wie kommuniziert, um ein Höchstmass an Ausschöpfung des Potentials jedes Einzelnen zu gewährleisten? Was sind die tatsächlichen Ursachen für mittelmäßig erfolgreiche Unternehmen im Vergleich zu exzellenter Business Performance? Und welches sind die Hebel, diese zu korrigieren?

Was die Erfolgreichen vom Mittelmaß unterscheidet ist selten das größere Fachwissen, jahrzehntelange Erfahrung, die Größe des Unternehmens, die zur Verfügung stehenden Budgets oder die niedrigeren Preise der anderen, der Wettbewerber. Es ist die gelebte Denkkultur aller: die der Mitarbeiter, der Manager und die der Eigentümer.

Grenzen des Wachstums finden im Kopf statt.

Grenzen des Wachstums finden im Kopf statt. Vertrauen ist notwendig, Vertrauen in die Leistungsfähigkeit, in den Leistungswillen und in die Verantwortlichkeit der Mitarbeiter bzw. Manager. Das ist die beste Unterstützung, die Sie jedem geben können. Vertrauen in die Leistung gepaart mit positiver Bestärkung, fördert den Erfolg. Nicht permanente Kontrolle oder Micro-Management, die nichts anderes sind als Bekundungen des Misstrauens. Oder permanente Anhebung des Erfolgsdrucks. Vertrauen gepaart mit der Erlaubnis, Fehler machen zu dürfen und nicht dafür „bestraft" zu werden. Das ist wichtig und notwendig. Lassen Sie ihre Leute machen! Sie sind besser als Sie denken und wollen gefordert werden!

Es ist Ihre Grundeinstellung, die Einfluss auf die Mitarbeiter, die Teams hat. Wesentliches und allein differenzierendes Kriterium. Sie sind das Vorbild! Das heißt, weniger Kontrolle ausüben und neue Überzeugungen und Verhaltensweisen finden und umsetzen! Verantwortung zu übernehmen setzt auch Offenheit voraus.

Offenheit auch vor Kritik, vor anderen Meinungen, vor neuen Vorschlägen. Diesen Raum tatsächlich dafür zur Verfügung zu stellen, auch das will gelernt sein, das zu ertragen. Wünschenswert wäre, Mitarbeiter und Manager darin zu unterstützen, das jeweilige Potential ausschöpfen zu können, Fehler als Lernquellen zu begreifen und nutzen können. Dazu brauchen wir Menschen, die ein persönliches Interesse daran haben, sich selbst weiter zu entwickeln und die sich mit den Zielen und Interessen des Unternehmens auseinandersetzen, sich identifizieren, mehr noch, sie mit den eigenen verknüpfen.

Es gibt ein Naturgesetz, das Menschen dazu bringt, zu handeln, in Aktion zu treten!
Menschen werden immer dann handeln, wenn sie glauben, dass diese Aktion – privat oder beruflich/geschäftlich – für sie persönlich irgend eine Form von Mehrwert schafft. Oder anders ausgedrückt, dass eine Aktivität – und dazu gehört auch die Änderung eines bestimmten Verhaltens – in ihrem eigenen Interesse und von Vorteil für sie selbst ist. „What's in it for me!" – es gilt persönlichen Mehrwert zu schaffen materiell oder eben immateriell. Wenn der Nutzen (das Motiv) nicht ersichtlich ist, dann erfolgt auch keine Motivation zum Handeln.

Die Antreiber? Unzufriedenheit mit dem Status quo, Ehrgeiz, Ängste, neue Ziele!
„What's in it for me?": erfolgreich zu werden, wertgeschätzt zu werden, der Beste sein zu wollen, in die Geschichte eingehen zu wollen, die Blicke von Millionen Menschen auf sich zu ziehen! Sich und der Welt zeigen, dass man etwas Besonderes ist, ein Mensch mit besonderen Talenten und Fähigkeiten. „What's in it for me?" steht bei uns allen wie eine Leuchtreklame auf der Stirn geschrieben. Wenn Sie diesen Knopf bei Ihren Mitarbeitern und Managern gefunden haben, haben Sie den Schlüssel in der Hand, der Ihnen hilft überhaupt zu motivieren und Veränderungen zu bewirken. „What's in it for me?" ist die heimlich gestellte Frage, die Chancen und Risiken abwägt.

„WHAT'S IN IT FOR ME?" STEHT BEI UNS ALLEN WIE EINE LEUCHTREKLAME AUF DER STIRN GESCHRIEBEN.

Die, die am meisten zu verlieren haben, sagen am wenigsten, entscheiden in altbekannten Mustern und zwingen oftmals das Unternehmen damit in das Mittelmaß der Performance. Empirisch ist das sogar nachgewiesen! Der größte Output an Innovationen in einem Unternehmen wird von zwei Altersgruppen primär geschaffen:
- von den unter 30-Jährigen und
- von den über 50-Jährigen!

Erstere hat noch nichts zu verlieren und die zweite Gruppe hat ihre Schäfchen bereits im Trockenen! Die in der Altersgruppe dazwischen wollen Karriere machen, sind finanzielle und gesellschaftliche Verpflichtungen eingegangen und können sich einen Misserfolg, etwa eine Kündigung und in der Folge Sanktionen der Gesellschaft, nicht erlauben. Wenn jemand kurz davor ist, in den Vorstand oder als Geschäftsführer einberufen zu werden, dann wird er keine Risiken mehr eingehen.

Es gibt auch sehr positive Beispiele, die sich vorbildlich anschicken in Sachen Motivation von Menschen. Unternehmen, die geschickt den „What's in it for me?" – Knopf der Mitarbeiter und Manager bedienen und entsprechend in Vorteile und Nutzen umsetzen und kommunizieren! Damit kann Motivation geschaffen werden, die schier unglaublich ist und sensationelle Erfolge erzielt! Ein Beispiel ist das amerikanische Unternehmen „Mary Kay Cosmetics", das weltweit operiert. Mary Kay als Person hat es tatsächlich gegeben. Ihr Führungsstil war der Grund für den Erfolg dieses Unternehmens. Er beruht einzig und allein darauf, das Potential und die individuellen Stärken zu sehen und zu fördern. Und dieses öffentlich zu kommunizieren. Damit wird Erfolg bestärkt, was wiederum zu Erfolg führt. Diese selbständigen Mary Kay Consultants werden in ihrem Geschäft auf jedwede erdenkliche Art unterstützt und vorbereitet. Die Bestätigung des Selbstwertgefühls und der Fähigkeiten jeder Einzelnen ist der Schlüssel des Unternehmenserfolgs und hat aus vielen Frauen, die bei Null oder noch weniger begonnen haben, millionenschwere Geschäftsfrauen gemacht.

Das Unternehmen verzeichnet heute Umsätze in Milliardenhöhe. Mary Kay war eine der wichtigsten Frau des 20. Jahrhunderts, die den Geschäftserfolg für Frauen neu definiert hat. Nicht nur in den USA, sondern auch in Ost-Europa. Sie hat bewiesen, dass Frauen – selbst ohne formale Ausbildung – geschäftlich Großartiges leisten können, auch wenn sie sich gleichzeitig um ihre Familie kümmern müssen. Neben den unzähligen Auszeichnungen, die sie erhielt, wurde Mary Kay posthum 2003 zur „erfolgreichsten Unternehmerin in der Amerikanischen Geschichte" gewählt – neben Henry Ford als männliches Pendant. Die Millionen Mary-Kay-Consultants auf der ganzen Welt sind der Beweis, dass der Führungsstil des Entrepreneurs keine erfundene Werbestrategie ist, sondern 40 Jahre gelebte Prinzipien des „Empowerment" von Menschen ist, also der Bestärkung der Fähigkeiten, Bestärkung des Selbstvertrauens in Kombination mit Training. Entrepreneurship als Führungsstil ist eines der besten Erfolgsstrategien eines Unternehmens.

Mit Motivation und Inspiration gewinnt jeder Selbstvertrauen, Begeisterung und Engagement. Nur der Erfolg selbst macht erfolgreich! Er ist die Bestätigung. In der Folge wird die Performance von Mitarbeitern und damit die Performance des Unternehmens weiter steigen! Das im Übrigen – und nichts anderes – ist das Ziel jedweder unternehmerischer Tätigkeit. Die Steigerung der Performance der Mitarbeiter und Manager. Es gibt keinen anderen Grund seitens des Unternehmens!

Nur der Erfolg selbst macht erfolgreich! Er ist die Bestätigung.

Jede Motivation, die von außen und nicht aus dem Innern, verschwindet wieder nach kurzer Zeit. Das ist hinreichend beschrieben und diskutiert worden. Motivation, die von außen initiiert wird, impliziert die Gefahr, dass daraus einen Anspruch abgeleitet wird, um weiterhin eine hervorragende Performance abzuliefern. Auch dass ist hinreichend bekannt. Wir werden davon abhängig wie von einer Droge. Irgendwann wird es selbstverständlich und erwartet. Konsequenterweise, kann man sie motivieren, dann kann man sie auch demotivieren. Mitarbeiter und Manager geben so die Verantwortung für eigenes Handeln ab. Wir manipulieren bzw. begrenzen damit das natürliche Verhalten eines Menschen, aus sich selbst heraus aktiv zu handeln und erfolgreich sein zu wollen. Und verlieren dabei das kreative Potential, die Talente der Mitarbeiter, die von innen heraus motiviert ans Tageslicht kommen.

Um das Beste in einem Menschen anklingen zu lassen, wollen diese wissen, was der Nutzen für sie selbst ist. Dazu brauchen sie den Gestaltungsfreiraum, das Vertrauen in die eigene Leistungsfähigkeit und natürlich die Anerkennung von Ihnen und von anderen. Lassen Sie die Ziele bestimmen, die für die Mitarbeiter und Manager wichtig sind. An den Zielen und dem aktuellen Status können diese und Sie auch erkennen, wenn die Erreichung wichtiger Ziele bedroht ist. Menschen ändern dann immer ihr Verhalten, wenn etwas, das ihnen wichtig ist, bedroht ist.
„What's in it for them?" ist die Frage, auf die Sie Antworten finden müssen! Es ist ein Gesetz der Natur!

Der Mythos von Zuckerbrot und Peitsche!
Führungsstile, die Menschen in die Irre führen!

Es gibt jede Menge Konzepte und Theorien zum Thema Motivation und Führungsstil. Einige sind marktforscherisch belegt, andere nicht. Einige sind einfach Theorien und dann ist da noch die Realität. Spätestens seit der Bekanntgabe von Maslow's Hierarchiepyramide für Bedürfnisse kennen wir den Begriff Motivation und haben unzählige Male diskutiert, wie sich dieses Modell in die tägliche Führungspraxis übersetzen lässt. Es ist ein interessantes Modell. Ich kenne allerdings kein Unternehmen, das bisher in der Lage war, dieses System entsprechend so umzusetzen, dass konkrete Verhaltensweisen abgeleitet werden konnten, die sich dann in eine verbesserte Motivation der Mitarbeiter widerspiegeln. Allenfalls für sich selbst konnte man prüfen, auf welcher Stufe des Modells man sich gerade befand und was theoretisch notwendig wäre, in die nächste Stufe zu klettern.

Hier nun finden Sie einen kurzen Abriss der drei interessantesten Motivationstheorien, die folgten und die heute noch praktiziert werden.

Douglas Mc Gregor, Professor für Management am MIT (1906 – 1964), untersuchte die Mitarbeiter-Dynamik in Unternehmen. Für Mc Gregor sind „selbst bestimmtes Arbeiten und flache Hierarchien" die Schlüssel für Motivation in Unternehmen. Mc Gregor geht grundsätzlich davon aus, dass ein glücklicher Mitarbeiter eine bessere Performance abgeben wird. Und er stellte die „X/Y-Theory" auf, d.h. er beschrieb zwei unterschiedliche Menschenbilder, die Manager und Vorgesetzte sich zu eigen gemacht haben und entwickelte die Verhaltenstypen X und Y. Manager, die dem Menschenbild X folgten, führen grundsätzlich anders als die, die dem Menschenbild Y folgen.

Das Menschenbild der „X-Theory": die Menschen, die dieser Theorie folgen, gehen davon aus, dass die Mehrheit der Mitarbeiter eine Abneigung gegen Arbeit hat und versucht, ihr aus dem Wege zu gehen! Damit sie einen produktiven Beitrag zum Unternehmenserfolg leisten, müssen sie meistens gezwungen, gelenkt, geführt und mit Strafe bedroht werden. Sie wollen „an die Hand genommen" werden, da sie selbst zu wenig Ehrgeiz besitzen, Routineaufgaben vorziehen und nach Sicherheit streben. Sie scheuen sich vor jeder Verantwortung. Das sagt die X-Theory. Deshalb muss der Manager jeden Handlungsschritt detailliert vorgeben, energisch anleiten und führen sowie streng kontrollieren. Nur auf diese Weise ist ein effizientes Arbeitsergebnis möglich. Entlohnung alleine kann diese Menschen nicht dazu bringen, sich genügend zu bemühen. Ihr Verhalten richtet sich nach der Mehrheitsmeinung. Der Führungsstil solcher Manager, die diesem Menschenbild folgen, ist dirigierend. Es werden Order gegeben, die befolgt werden müssen.

Das Menschenbild der „Y-Theory": für diese Menschen hat Arbeit einen hohen Stellenwert und ist wichtige Quelle der Zufriedenheit. Sie sind leistungsbereit und von innen motiviert. Die wichtigsten Anreize bei der Arbeit sind die Befriedigung der Ich-Bedürfnisse und das Streben nach Selbstverwirklichung. Diese Menschen arbeiten härter, suchen nach Verantwortung und sind initiativ ohne die Supervision ihrer Vorgesetzten. Diesen Menschen zu motivieren, gelingt durch intrinsisch ausgerichtete Maßnahmen. Identifizieren sie sich mit den Zielen der Organisation, dann sind externe Kontrollen nicht notwendig. Kreativität wird gefördert und gefordert. Da sich diese Menschen mit den Zielen des Unternehmens identifizieren, handeln sie mit Selbstdisziplin und Selbstkontrolle. Überwachung bzw. Strafe ist nicht notwendig. Vorstellungskraft, Urteilsvermögen und Kreativität sind die Fähigkeiten, um Probleme zu lösen.

Sie können sich vorstellen, was passiert, wenn ein Manager mit dem Menschenbild X qualifizierte Mitarbeiter und Manager führen soll, die selbst der Y-Theorie angehören! Er oder sie wird die Motivation zerstören. Konkurrenzkampf, Intrigen, Mobbing und

Co. werden einen derartigen emotionalen Stress auslösen, dass ein Teil der Mitarbeiter das Unternehmen verlassen wird, ein anderer Teil wegen Erschöpfung zusammenbricht und der Rest übrig bleibt, der woanders nicht arbeiten will oder keinen neuen Job kriegt. Folglich werden die bekannten X-Theorie-Maßnahmen eingesetzt, um Ziele zu erreichen. Führungsstil: Zuckerbrot und Peitsche! Die tatsächlich, mehrfach erlebte tägliche Businesspraxis passt in das Bild. Wahrscheinlich ist dieser Führungsstil ein wichtiger Grund für die 38 % desillusionierter und unengagierter Mitarbeiter aus der Tower Perrins-Studie. Nur der Managertyp, der Y bevorzugt, wird in der Lage sein, starke Performances bei den Mitarbeitern zu entwickeln bzw. zu steigern.

Während Sie das gelesen haben, haben Sie sich sicher auch überlegt, welche Annahmen und Urteile die Ihrigen sind und welchen Menschentyp Sie selbst im Unternehmen wieder finden: X oder Y? Wahrscheinlich gibt es eine Mischung. Wenn Sie sich jeden Ihrer Manager oder Mitarbeiter einzeln vor Augen führen, welche der Theorien würde zutreffen? Eins ist sicher: Wenn Sie eher dazu neigen, den Führungsstil auf Basis des Menschentyp X zu praktizieren, haben bzw. werden Sie in der heutigen und zukünftigen Arbeitswelt ein Problem mit intelligenten und talentierten Mitarbeitern und Managern haben!

Frederick Herzberg (1923 – 2000), ein amerikanischer Professor für Arbeitswissenschaften und Klinischer Psychologie verfolgt eine andere Sichtweise. Er spricht von der „Motivator-Hygiene-Theory". Er sagt, das Gegenteil von Job-Zufriedenheit ist nicht Job-Unzufriedenheit, sondern keine Zufriedenheit. Die Faktoren, die zur Arbeitszufriedenheit führen, sind andere, als die, die zur Arbeits-Unzufriedenheit oder zu fehlender Motivation führen. Die so genannten Hygienefaktoren sind die Selbstverständlichkeiten, die da sein müssen, um Unzufriedenheit zu verhindern (wie z. B. Entlohnung, Arbeitsbedingungen etc.). Ihre Existenz führt aber nicht zur Zufriedenheit. Sind sie allerdings nicht vorhanden, empfindet man dies als Mangel. Motivatoren dagegen beeinflussen die Leistung selbst und betreffen Leistung und Erfolg, Arbeitsinhalte, Aufstieg, Verantwortung, Anerkennung, Wachstum etc. Ihr Fehlen führt aber nicht zwangläufig zur Unzufriedenheit. Die Kombination von beidem erzeugt vier variable Situationen mit unterschiedlichen Auswirkungen auf das Motivationsverhalten von Menschen. Klar. Wir fühlen uns dann am meisten motiviert, wenn wir das Gefühl haben, dass wir einen guten Job machen, dafür Anerkennung bekommen, wir lernen und unsere Fähigkeiten weiter entwickeln bzw. ausbauen können! Der erste Schritt nach Herzberg ist also, die Hygienefaktoren zu kontrollieren und dann die Motivatoren zu definieren.

Eine dritte Theorie, die ebenfalls plausibel klingt, ist die „Expectancy Theory". Sie besagt nicht mehr als: „Wenn man hart arbeitet, ist man auch erfolgreich und erzielt gute Ergebnisse!" Die Herausforderung ist als Mitarbeiter und Manager, dieses Konzept glaubhaft darzustellen, wenn der Erfolg auf Glück oder andere Außenfaktoren zurückzuführen ist. Oder, andersherum, wenn der Erfolg sich nicht einstellt trotz harter Arbeit. Was sagen Sie dann? Dann ist die Frustration groß, Schuldzuweisungen und Rechtfertigungen sind die Folge. Manager sollten vorsichtig sein mit diesem Motivationskonzept. Erstens und zweitens dient dieses Modell perfekt dazu, Mitarbeiter zu manipulieren – je nach dem welche Faktoren und Argumente ausgespielt werden. Ein hart arbeitender Mitarbeiter mit einer schwachen Performance, dessen Ursache nicht in seinem Einflussbereich liegt, den Sie aber loswerden wollen, können Sie mit dieser „Expectancy Theory" das Leben zur Hölle machen. So lange bis er von allein geht oder ernsthaft krank wird. Eine andere Variante von Zuckerbrot und Peitsche, die grausamer nicht sein kann!

Das Ansätze von Mc Gregor und Herzberg sind griffig, weil sie anerkennen, dass bestimmte Einstellungen bestimmte Verhaltensweisen nach sich ziehen. Sie reflektieren andererseits klar, dass Menschen in gedankliche Schubladen gesteckt werden und – je nach Schublade – entsprechende Verhaltensweisen und Führungsstile angewendet werden können, um sie sich „untertan" zu machen, damit sie gehorchen und Leistung abliefern. Auch die empfohlenen Verhaltensweisen sind gleich. Wie eine Gebrauchsanweisung für die Installation und den Betrieb einer Maschine. So behält man die Kontrolle. Wo bleibt der Mensch?

Das Bewerten in Schubladen erfolgt ausschließlich auf den Wertesystemen jener, die diese Schubladen erschaffen. Also sind sie selbst erfüllend und system-immanent! Wer sagt, dass sie richtig sind oder gar Ziel führend? Viele Manager behaupten und geben sich die Mühe, jeden Einzelnen zu hören und die Persönlichkeit der Mitarbeiter mit einzubeziehen. Mit dieser Aufgabe ist jedoch jeder ernsthaft überfordert, sobald mehr als 10 Personen eine wichtige Rolle spielen. Der Führungsstil und die Vorgaben können nur von der Spitze des Unternehmens kommen und dann entsprechend wie eine Kaskade top-down weiter kommuniziert und gelebt werden. Es ist wirklich schwirig, ständig die individuellen Merkmale zu berücksichtigen und entsprechend umzusetzen.

> DAS BEWERTEN IN SCHUBLADEN ERFOLGT AUS-SCHLIESSLICH AUF DEN WERTE-SYSTEMEN JENER, DIE DIESE SCHUBLADEN ERSCHAFFEN.

Zweiter Aspekt: die von Herzberg und Mc Gregor abgeleiteten Empfehlungen, wie geführt werden müsste, um Mitarbeiter „zu motivieren", sind in Frage zu stellen. Von Strafen ist da die Rede oder eben Lob! Zuckerbrot und Peitsche! Sie werden es nicht glauben, aber diese Form der Motivation wird tatsächlich in vielen Unternehmen praktiziert! In Ost-Europa wird demokratischer Führungsstil (noch) nicht erwartet, aber in West-Europa schon.

Auf der Suche nach den Gründen für motiviertes Verhalten von Menschen ist es ratsam, sich mit den grundlegenden und bekannten Verhaltensmuster auseinanderzusetzen. Menschen reagieren auf bestimmte Ereignisse „fight, flight oder freeze" (Kampf, Flucht, Totstellreflex) – ob es sich dabei um private Ereignisse handelt oder berufliche. Menschen haben immer einen wichtigen Grund für ihre Handlungen. Nichts passiert absichtslos. Bewusst oder unbewusst, es gibt einen Antriebsmotor hinter jedwedem menschlichen Verhalten. Die Motivation zu Handeln bestimmt jede Facette unseres Lebens. Unsere Beziehungen, unsere Finanzen bis hin zu unserem Körper und unseren intellektuellen Leistungen.

Was also ist der Grund, der gemeinsame Nenner und Antreiber für unser Verhalten? Es ist die immer wiederkehrende Frage, die wir uns im Stillen stellen: bedeutet das, was ich jetzt tue, Schmerz für mich oder erlange ich Freude oder gar positives Feedback und Wertschätzung? Das, was wir tun, tun wir ausschließlich aus dieser Motivation heraus: die Vermeidung von emotionalem oder physischen Schmerzen bzw. die Gewinnung von Freude und Vergnügen. Was auch immer passiert – das Telefon klingelt – Ihr Gehirn checkt in Sekundenschnelle: Schmerz oder Freude! Und entsprechend Ihrer Schlussfolgerung aufgrund der Umstände, in denen Sie sich gerade befinden, denken, erwarten und reagieren Sie darauf – Sie gehen gar nicht erst ran ans Telefon oder haben sich gewappnet mit Argumenten oder freuen sich auf den Anruf.

Die Vermeidung von Schmerz ist dabei immer der wichtigere Antreiber, wichtiger als der Wunsch, Freude zu erlangen! Auf diesen einfachen Nenner „Schmerz vermeiden" oder „Freude erlangen" lässt sich die Palette unserer Handlungen „fight, flight oder freeze" reduzieren bzw. vereinfachen. Der Grund für unser Verhaltens, ist die Vorstellung dessen, was folgen könnte und was wir mit Schmerz oder Freude assoziieren bzw. gelernt haben. Das Abwägen des Preises „Schmerz vermeiden" oder „Freude gewinnen" determiniert unser Verhalten: „What's in it for me?" Wenn der Preis, den wir zahlen müssen, höher eingeschätzt wird als unser Gewinn, ist das eine der Gründe, wenn wir nicht handeln.

„Schmerz vermeiden" oder „Freude erlangen" wägen ebenso Mitarbeiter in ihrem Job ab.

„Schmerz vermeiden" oder „Freude erlangen" wägen ebenso Mitarbeiter in ihrem Job ab. Tagtäglich wird gecheckt und beobachtet. Sie müssen schließlich so mit dem Führungsstil ihres Vorgesetzten umgehen, dass es ihnen gut geht. Wenn ein Manager bzw. Vorgesetzter den Führungsstil „Zuckerbrot oder Peitsche" praktiziert, wird er feststellen, dass Mitarbeiter, die wenig über diese Zusammenhänge wissen, alles tun werden, um Schmerz zu vermeiden. Sie passen sich an, komme, was da wolle und bis das Rückgrat verbogen ist. Das heißt, sie werden immer dem Druck nachgeben. Viele werden dabei sogar erfolgreich im Sinne der Unternehmenszielsetzung oder der Zielsetzung des Vorgesetzten. Und so glauben dann solche Manager, dass das der beste Führungsstil ist. Das Ganze ist jedoch für jedes Unternehmen eine Falle. Es kann nicht gewinnen, nicht auf lange Sicht.

Es gibt drei Gruppen von Mitarbeitern, die auf „Zuckerbrot und Peitsche" entsprechend unterschiedlich reagieren. Die eine Gruppe sind Mitarbeiter, die sich nicht bewusst sind, wie sie manipuliert werden. Sie werden sich zwangsläufig nach einiger Zeit ausschließlich nach dem gelernten Muster verhalten. Sie gewöhnen sich an Zuckerbrot und Peitsche als Reiz-Reaktionsmuster und machen immer das Gleiche, ungeachtet der sich verändernden Marktgegebenheiten, Bedingungen und Anforderungen an sie. Veränderung oder Kreativität zu wagen ist nicht möglich aus Sorge um den Schmerz, den es zu vermeiden gilt. Sie werden allenfalls einen kleinen Schritt weitergehen, wenn sie den Druck noch mehr erhöhen! Mehr Druck bringt nicht zwingend mehr Erfolg. Für Flexibilität und Innovation gibt es da keinen Platz. „So haben wir das schon immer gemacht!" ist der bekannte Satz, an den Sie sie erkennen. Im tiefsten Innern geht es ihnen jedoch nur um eins, die Vermeidung des Schmerzes. Die gute Nachricht: das lässt sich ändern!

Für eine andere Gruppe von Mitarbeitern wird der psychische Druck so hoch, dass sie krank werden. Die typischen Stresskrankheiten und Erschöpfungszustände sind erste Alarmzeichen und enden irgendwann im Burn-Out-Syndrom oder noch schwerwiegenderen Krankheiten. Wenn der Krankenstand zu hoch wird in einem Unternehmen, ist wahrscheinlich der Führungsstil „Zuckerbrot und Peitsche" am Werke. Nicht nur das Menschen verheizt werden, die Folgekosten in den genannten Szenarien und

Wenn der Krankenstand zu hoch wird in einem Unternehmen, ist wahrscheinlich der Führungsstil „Zuckerbrot und Peitsche" am Werke.

der betriebswirtschaftliche Schaden für ein Unternehmen und auch der volkswirtschaftliche Schaden gehen in die Millionenhöhe. Das ist von offizieller Seite bestätigt. Die gute Nachricht auch hier: das lässt sich ändern!

Die dritte Gruppe der Mitarbeiter sind sich ihrer Leistungsfähigkeit bewusst und erkennen klar das Spiel und spielen es gemäß der Spielregeln. Nach einer gewissen Zeit, wenn ihre eigenen Ziele erreicht sind oder sobald es eine neue Chance in einem anderen Unternehmen geben wird, werden sie das Unternehmen sofort verlassen. Das lässt sich dann nicht mehr korrigieren! Große Konzerne finden sich zwangsläufig irgendwann in der „dead end road", mit Mitarbeitern, die immer alles so machen wie sie es gewohnt sind bzw. wie angeordnet wurde mit allen Konsequenzen.

Die Kompetenzen des Entrepreneurs!
Das Umfeld und die Voraussetzungen!

„Die Grenzen des Wachstums werden allein durch die Phantasie gesteckt!"

GÜNTER WILLE, DT. TOP-MANAGER (1943 – 1993)

Das Konzept des „Entrepreneurs" ist ein Konzept des freiheitlichen Denkens und Handelns, des Vertrauens, des Gebens und der Übernahme von Verantwortung für das, was getan werden muss. Eine „entrepreneurial mind" zu besitzen ist eine Entscheidung, die entsprechend umgesetzt und gestaltet werden kann. In Freiheit – auch in dem Unternehmen, in dem Sie arbeiten, unabhängig von der Struktur, flachen Hierarchien oder nicht. Entrepreneurship sitzt zwischen den Ohren! Geistige und tatsächliche Freiräume zu besitzen, Mut, bereit zu Risiken zu sein und zu ermöglichen, Verantwortung abzugeben und mit Freude zu tragen. Alles beginnt bei Ihnen selbst. Egal auf welcher Stufe der Karriereleiter Sie stehen, Sie sind immer das Vorbild für andere. Sie müssen Menschen verstehen wollen, brauchen Empathie, Sensitivität und den Willen, Ideen entwickeln und umsetzen zu lassen! Und Selbstvertrauen!

„Entrepreneurship" ist unsere Natur! Jeder Mensch wird mit dem Potential als Unternehmer, als Entrepreneur geboren.

Im privaten Bereich handeln Menschen genau so, wenn man sie läßt: instinktiv und intuitiv wie ein Entrepreneur. Sie wissen meistens, was zu tun ist. Wie ihr Leben zu organisieren ist, welche Ziele sie verfolgen wollen und wie sie sie erreichen werden. Ausbildung, Karriere, Familienplanung – einfach alles. Wie sich um Freunde und Familie kümmern und die persönlichen Bedürfnisse und Wünsche unter einen Hut bringen. Alles wird geplant, finanziert, organisiert und umgesetzt.

Mit der gleichen Intensität und Identifikation kann Management gelebt werden. Mit der gleichen Einstellung. Jeder Künstler, Selbständige und Forscher trennen selten zwischen Beruf und Privat. Alles was sie tun, wird als Gesamtheit begriffen und meint damit Leben als Gesamtkunstwerk. Künstler, Selbständige und Wissenschaftler sind auch im hohen Alter noch so produktiv und sehen so jung aus, wie man es kaum für möglich hält. Michelangelo malte mit 80 seine besten Bilder, Picasso ebenfalls. Goethe schrieb „Faust" mit 80 und George Bernard Shaw formulierte noch mit 90 Jahren seine Geschichten. Ausnahmen? „Entrepreneurs by heart" aus voller Überzeugung!

Diese Einstellung gilt es ins Unternehmen zu transferieren. Wenn alle in einem Unternehmen sich unternehmerisch verhalten, mit-unternehmen statt nur mit-arbeiten, wird „Change Management" in einer sich ständig verändernden Welt keine Bedrohung mehr sein, sondern sind willkommene Chancen! Veränderte Prozesse erfordern jedoch veränderte Verhaltensweisen. Wenn Sie in Zukunft weiterhin das tun, was Sie schon immer getan haben, werden Sie weiterhin genau die Ergebnisse bekommen, die Sie schon immer bekommen haben. Alles andere wäre an Wunder glauben. Selbst neue Wege zu beschreiten, den ersten Schritt der Veränderung tun, wenn sich in Ihrem Team oder in Ihrem Unternehmen etwas ändern soll in der Zukunft! Den Schlüssel für mehr Motivation und Erfolg selbst in die Hand nehmen! Wie jedoch lassen sich die geforderten Kernkompetenzen des Entrepreneurs realisieren? Wie Individualität und Gestaltungsfreiraum, Vertrauen und emotionale Sicherheit, Risikoübernahme, Verantwortung, Flexibilität und Schnelligkeit im Team durchsetzen? Wie ein gemeinsames Verständnis herstellen und eine Einigung über entsprechende Verhaltensweisen?

> MENSCHEN HÖREN WAS WIR SAGEN, ABER BEURTEILEN UNS DANACH, WAS WIR TUN. UND DAS, WAS SIE INTUITIV WAHRNEHMEN, DAS GLAUBEN SIE.

Ein gemeinsames Verständnis entsteht durch den Aufbau einer Beziehungsebene und durch authentische Kommunikation. Menschen hören was wir sagen, aber beurteilen uns danach, was wir tun. Und das, was sie intuitiv wahrnehmen, das glauben sie. Worte bleiben am Ende des Tages nur Worte, wenn Sie nicht danach leben. „Walk your talk" ist notwendig, um glaubwürdige und vertrauenswürdige Beziehungen aufzubauen.

Der Begriff „Beziehung" hat auch im Geschäftsleben immer eine positive Konnotation (Beziehung zum Kunden, Beziehung zu Kollegen). Beziehung entsteht durch Gemeinsamkeit. Gemeinsamkeit entsteht durch Gemeinschaft, die Sicherheit in der Gruppe verschafft oder durch Abgrenzung von einer anderen Gruppe, die ein Zugehörigkeitsgefühl verschafft (gemeinsame Abgrenzung). Gemeinsamkeit entsteht auch durch gemeinsam gelebte Vielfalt, durch Abwechslung, durch Anerkennung. Beziehung hat zwei Dimensionen: die sachliche und die emotionale. Die sachliche Dimension der Beziehung betrifft die gemeinsamen geschäftlichen Interessen und Ziele. Die emotionale Dimension und Basis einer positiven Beziehungsebene heißt Vertrauen und Wertschätzung – grundsätzlich.

Aus Vertrauen und Wertschätzung erwachsen alle weiteren Kompetenzen. Eine klare und authentische Kommunikation – verbal und nonverbal – ist das Steuerrad mit dem Sie entweder alles erreichen oder alles zerstören können. Beide Dimensionen, die sachliche plus die emotionale Beziehungsebene, sind die wichtigsten Faktoren und die größten Hebel für den Erfolg. Auch wenn letzteres oft und gerne verleugnet wird. Sämtliche Herausforderungen mit Geschäftspartnern, Mitarbeitern oder Führungskräften, sind in erster Linie durch Herausforderungen auf der Beziehungsebene, durch die emotionale Dimension definiert. Nicht durch die Sache. Über die Sache braucht man nicht zu streiten, die ist von jeglichen Emotionen und Beziehungen befreit – per Definition.

Das Umfeld bzw. die Voraussetzungen, die für „Entrepreneurship" geschaffen und die gemanagt werden müssen, damit sie motivierende Schlüsselfaktoren auf der Beziehungsebene werden, damit sie erfolgreiche Motivationsfaktoren werden, sind:

Vertrauen!
Führung gewinnt immer durch Vertrauen. Ohne Vertrauen kann man für eine kurze oder überschaubare Zeit Leistung bringen, aber die Energie, die verbraucht wird, um sich nach allen Seiten abzusichern, schafft ein sehr hohes Stress Momentum, das

FÜHRUNG GEWINNT IMMER DURCH VERTRAUEN.

auslaugt, unzufrieden und am Ende krank macht. Die Energie ist besser eingesetzt für die Verbesserung der Leistung oder den Aufbau von positiven Beziehungen. Deshalb ist der Aufbau und die Erhaltung von Vertrauen in Menschen das A und O. Ohne Vertrauen geht gar nichts. Vertrauen durch Verständnis, Sympathie, Echtheit, Offenheit und Zuverlässigkeit steigert die Leistungsbereitschaft und die Leistungsfähigkeit.

Tiefes, nicht blindes Vertrauen entwickelt sich in der Regel langsam. Es beinhaltet eine Zeitkomponente, die individuell verschieden ist. Es braucht kontinuierlich positive Erfahrungen über einen Zeitraum hinweg, damit es sich bilden kann. Durch gemeinsame erfolgreiche Geschäftsabschlüsse und durch Wertschätzung, die gegeben wird – verbal und nonverbal.
Echte Wertschätzung, die auf Respekt vor dem Menschen und seiner Kompetenz beruht. Echte Wertschätzung, die auch unabhängig von einem Geschäftsabschluss gegeben wird und kontinuierlich, wird als echt erlebt und entsprechend mit Vertrauen belohrt. Nicht echte Wertschätzung wird mit einer hohen Trefferquote seismographisch geortet und führt dauerhaft zu einem Verlust des Selbstvertrauens des Mitarbeiters oder der Führungskraft. Und zu einem Vertrauensverlust zwischen beiden.

> **Sie können Individualität und Gestaltungsfreiraum nur zulassen, wenn Sie darauf vertrauen, dass Mitarbeiter und Manager in jedem Augenblick ihr Bestes geben. Mehr ist sowieso nicht drin.**

Sie können Individualität und Gestaltungsfreiraum nur zulassen, wenn Sie darauf vertrauen, dass Mitarbeiter und Manager in jedem Augenblick ihr Bestes geben. Mehr ist sowieso nicht drin. Sie dürfen darauf vertrauen, dass jede bestmögliche Weise des Managements von Projekten oder der Findung von Problemlösungen durchdacht und in Erwägung gezogen worden ist. Das Mitarbeiter sämtliche, ihnen zur Verfügung stehende Kreativität genutzt und ausgedrückt haben, um das beste Ergebnis zu erzielen. Wenn Sie zweifeln, indem Sie misstrauische Fragen stellen, Druck aufbauen statt zu verstehen, abwertende Kommentare gegenüber anderen äußern, zerstören Sie das Klima des Vertrauens. Sie bekunden Misstrauen auf diese Weise und erhalten Misstrauen zurück.

Exzellente Führung vereint zu einem großen Ganzen: Menschen zu Organisationen, Einzelaufgaben zu einer Gesamtlösung und alle arbeiten auf ein gemeinsames Ziel zu. Sie sollten die Zielerreichung kontrollieren, aber nicht die Wege dort hin. Das ist gemeint mit Vertrauen in die Qualifikation der Mitarbeiter und Führungskräfte. Falls Sie Vertrauen nicht managen können, wird man sich zwar Ihrem Willen beugen, aber der Wille und die Fähigkeit zu selbständigem Denken und Handeln wird abgegeben. Führungskräfte schotten sich irgendwann ab. Es wird gearbeitet, ohne zu hinterfragen, ob dies oder das die beste Lösung ist. Weil jeder annimmt, dass der Chef sowieso alles in Frage stellen wird, meint, es besser zu wissen und am liebsten seine eigenen Ideen durchsetzen möchte. Unbewusst und indirekt kommuniziert dieses Verhalten, dass er wenig von den Fähigkeiten und der Qualifikation der Mitarbeiter hält.

Menschen in Unternehmen wollen die Chance, die besseren, zeitgemäßen Ideen selbst zu entwickeln und zu realisieren. Sie wollen von Anfang an mit im Boot sein, mit entwickeln. Dann übernehmen sie auch die Verantwortung, wenn etwas schief gehen sollte. Beziehen Sie in Ihre Überlegungen ein, dass die wichtigsten und engsten Manager, die direct reports, vorwiegend von Ihnen selbst eingestellt wurden. Wenn Sie denen nicht mehr vertrauen, dann haben Sie vielleicht die falschen Leute eingestellt. Aber dann haben Sie bei der Einstellung etwas falsch gemacht, nicht der Mitarbeiter oder Manager.

Damit wir uns richtig verstehen: grundsätzlich gilt, dass schlechte Performance in einer Vertrauenskultur natürlich nicht auf Dauer geduldet werden kann. Wenn die Performance nicht mehr stimmt, müssen Konsequenzen gezogen werden. Professionelles Management ist nicht verhandelbar.

Umgekehrt gilt natürlich ebenso, dass Mitarbeiter, die Ihr Vertrauen missbrauchen am falschen Platz und im falschen Unternehmen sind. Missbrauch durch Anpassung und gezielte

EXZELLENTE FÜHRUNG VEREINT ZU EINEM GROSSEN GANZEN: MENSCHEN ZU ORGANISATIONEN, EINZELAUFGABEN ZU EINER GESAMTLÖSUNG UND ALLE ARBEITEN AUF EIN GEMEINSAMES ZIEL ZU.

Manipulation, durch Intrigen und Lügen, um sich Vorteile zu verschaffen, sind absolute „no, no's"! Es wird ein Fass ohne Boden und öffnet die Türen für Misstrauen, Manipulation auf allen Ebenen, der sachlichen und emotionalen Beziehungsebene. Das muss sofort unterbunden werden, sonst macht es Schule. Das Ihr Vertrauen missbraucht werden wird, ist so sicher vorherzusagen wie die Geschichte der Menschheit alt ist. Es gilt zu lernen, damit umzugehen, ohne dass die ganze Abteilung Schaden nimmt. Wertschätzung, Authentizität, Glaubwürdigkeit und Offenheit in der Kommunikation und im Handeln sind die Instrumente, die langfristig Vertrauen schaffen und erhalten.

Emotionale Sicherheit!

Emotionale Sicherheit aufzubauen heißt nicht nur Vertrauen aufzubauen! Emotionale Sicherheit geben ist mehr. Es heißt bedingungslos, nicht erwartungslos, zu den Mitarbeitern zu stehen! Auch wenn die Lage einmal schwierig wird! Im täglichen Job, bei der Bewältigung von Projekten, in Meetings mit dem Einzelnen oder im Team müssen Sie Diskussionen grundsätzlich über die Sache führen und nicht über die Person. So werden Probleme gelöst! Und sichert gleichzeitig die Loyalität der Mitarbeiter und Manager!

> EMOTIONALE SICHERHEIT GEBEN IST MEHR. ES HEISST BEDINGUNGSLOS, NICHT ERWARTUNGSLOS, ZU DEN MITARBEITERN ZU STEHEN.

Was ist die tägliche Praxis, wenn es um die Diskussion von Themen geht, sei es durch den Teamleiter, den Chef oder durch Kollegen in Ihrem Unternehmen? Es wird oft im gleichen Atemzug die verantwortliche Person und deren Fähigkeiten in Frage gestellt! Ein kleiner Exkurs wie man so etwas macht: zum Beispiel, in dem öffentliche Behauptungen aufgestellt werden, die nicht stimmen, was aber niemand so schnell nachprüfen oder richtig stellen kann. Die meisten glauben erst Mal, dass alles stimmt, was jemand behauptet, erst Recht, wenn der Vorgesetzte es sagt. Aber auch Vorgesetzte lügen und benutzen diese Hilfsmittel, um andere zu manipulieren.

Eine andere Variante, um emotionale Unsicherheit aufzubauen, ist, bewusst Fragen zu stellen, mit dem Wissen, dass die Antwort dem Befragten nicht bekannt ist. Die Reaktion des Fragestellers entscheidet jetzt über die Zukunft des Miteinanders, über emotionale Sicherheit und Vertrauen. „Ich hatte Besseres von Ihnen erwartet …? Was fällt Ihnen eigentlich ein …? Können Sie nicht lesen …? Hatte ich Ihnen nicht schon hundert Mal gesagt …? Was reden Sie denn für einen Unsinn …! Sie haben ja keine Ahnung …!" und so weiter ist die falsche Reaktion! Die Tonalität kann sich dabei erstrecken von vordergründig freundlich-ratgeberisch bis hin zu Wutausbrüchen, bei denen Manager völlig außer Kontrolle geraten. Emotionale Ausbrüche – selbst als taktisches Managementinstrument eingesetzt – haben verheerende Folgen.

Dieses Frage- und Antwortspiel wird vor allem genutzt in Gegenwart von anderen oder per E-Mail an den kompletten Führungskreis-Verteiler im Unternehmen! Auch per E-Mail kann gebrüllt oder niedergemacht werden! Noch aggressiver und außer Kontrolle können im Übrigen E-Mails werden, bei denen keine Zeuge auf cc stehen! Eine Altersfrage? Nein. Eine Frage des Charakters oder der Überforderung oder der fehlenden Führungspersönlichkeit. Es können eben nicht alle führen.

Eine weitere Variante, emotionale Sicherheit und Vertrauen abzubauen statt aufzubauen, ist, die Existenzangst eines Mitarbeiters oder Managers zu schüren, in dem verstärkt Druck aufgebaut und ausgeübt wird. Ebenfalls eine allseits beliebte Managementtaktik, um angeblich die Effizienz zu steigern. Erprobte Mittel sind wöchentliche Drohungen, dass der Mitarbeiter/Manager gefeuert wird oder gleich das ganze Team, dass die Division/Filiale geschlossen wird etc., wenn nicht das und das passiert. Erpressung nennt man das in der Juristerei und eine völlige Fehleinschätzung dessen, was mit Menschen, ihren Gedanken, ihren Emotionen, passieren wird.

Über die Manager, die dies mit Absicht tun, brauchen wir gar nicht zu reden. Aber glauben Sie mir, es gibt tatsächlich Führungskräfte, die sogar darauf stolz sind, dass sie diese Form der Führung praktizieren, die solche Druckmittel ganz bewusst einsetzen. Selbstbewusste und starke Manager und Mitarbeiter verlassen dann das Unternehmen, wenn sie es sich finanziell leisten können, freiwillig. So spart sich das Unternehmen auch die Abfindung.

<small>EMOTIONALE SICHERHEIT KANN ALLEIN ÜBER BEOBACHTUNG VON GESCHEHEN ZERSTÖRT WERDEN.</small>

Die, die in dem Team bleiben, sind die, die den Schmerz nicht mehr spüren wollen. Auch das ist verständlich, wenn die eigene Existenz und die der Familie davon abhängt. Exzellente und innovative Leistungen sind allerdings nicht mehr von Mitarbeitern und Managern zu erwarten, die vergessen haben, wer sie in Wirklichkeit sind bzw. sein könnten. Das alles kostet viel Kraft, und lenkt vom eigentlichen Thema ab: die Sache, das Problem, das es zu lösen gilt. Produziert werden Verlierer, auf allen Seiten. Je öfter, desto stärker wird man auch das Verhalten der anderen Mitarbeiter beeinflussen, die die Zuschauer in einem solchen Manöver sind. Jeder weiß, dass dies ihm oder ihr genau so passieren wird eines Tages. Emotionale Sicherheit kann allein über Beobachtung von Geschehen zerstört werden. Die verschiedensten Optionen und Stufen der Anpassung bis hin zum vorauseilenden Gehorsam sind die üblichen Reaktionen. Es wird primär dann daran gearbeitet, sich selbst zu schützen und in einem besseren Licht zu erscheinen.

Was tun? Wie steuert man Gespräche und Diskussionen über Konflikte so, dass primär das Problem, die Sache im Vordergrund steht und nicht die Person? Wie baut man emotionale Sicherheit für den Einzelnen und für das gesamte Team auf?

Es beginnt damit, dass jeder verstehen lernt, wie Mitarbeiter Informationen wahrnehmen und wie sie sie filtern. Je nach Typ und Schwerpunkt erfolgt dies unterschiedlich und die Kommunikation sollte darauf eingestellt sein. Ein weiterer Aspekt ist, wie sie in Abhängigkeit der Einschätzung von Situationen oder Menschen Urteile treffen, Emotionen aufbauen und welche „message" Ihre Kommunikation übermittelt. Auch dies ist typenabhängig. Wenn Sie aufmerksam beobachten, können Sie die Bedürfnisse Ihrer

Mitarbeiter und Manager kennen lernen und sich darauf einstellen. Sie können lernen zu differenzieren zwischen der Sache und der Person, weil es da wesentliche Unterschiede zu sehen gibt und auch Gründe, weshalb der Mitarbeiter so und so reagiert. Sie müssen lernen, vor allem die Sache in den Vordergrund zu stellen und die richtigen Hebel anzusetzen, um Probleme zu lösen. Damit alle ihr Gesicht wahren können, damit Probleme schnell und effizient gelöst werden können und damit Sie selbst Ihre Ziele erreichen!

Emotionale Sicherheit ist ein nicht zu unterschätzender Aspekt, vorsichtig ausgedrückt. Je mehr emotionale Sicherheit Sie geben, desto größer wird das Vertrauen wachsen, desto mehr trauen sich Menschen zu, sie selbst zu sein und ihre eigenen Ideen einzubringen und desto motivierter und eigenständiger werden Mitarbeiter ihr Bestes geben! Sie müssen diesen Raum schaffen bzw. vergrößern, damit wirklich Großartiges in Ihrem Team bzw. Unternehmen entwickelt werden kann.

> EMOTIONALE SICHERHEIT IST EIN NICHT ZU UNTERSCHÄTZENDER ASPEKT, VORSICHTIG AUSGEDRÜCKT.

Eine andere wichtige Aufgabe, um emotionale Sicherheit zu gewährleisten ist, sich selbst emotional im Griff zu haben, unter Kontrolle zu sein. Das geht, wenn Sie realisieren, dass Emotionen nichts anderes sind als gelernte Reaktionsmuster auf Basis von gelernten Erwartungen, Werten, Spielregeln und passenden Beurteilungen. Emotionen kommen und gehen. Sie bleiben nicht auf ewig und in einem Jahr sieht eh alles ganz anders aus oder ist sogar vergessen. In dem Moment, in dem Emotionen überhand nehmen, ist es ratsam, wenn man den Fokus des Denkens wechselt. Machen Sie sich klar, dass Ihnen Ihre Emotionen in besagtem Fall oder gar zur Findung von Problemlösungen nicht helfen werden. Mit anderen Worten, sich mit anderen Dingen beschäftigen ist der vernünftigste Rat, den man geben kann. Denken Sie an etwas anderes, gehen aus dem Raum heraus oder rufen Sie irgend jemand an, und wenn es die Telefonauskunft ist! Lenken Sie sich ab! In dieser Sekunde, wo Sie etwas anderes denken oder tun, ändern sich sofort die Emotionen, die alten Emotionen werden schwächer. Das werden Sie sofort feststellen. Erst dann können Sie wählen, welche Emotionen und welche Handlungsweise der Situation angemessen ist. Auch neutral zu bleiben ist eine Wahl.

Eine weitere Alternative wäre auch zu realisieren, dass Herr Meier völlig andere Maßstäbe anlegt als Sie. Keine Bewertung – weder an der Sache noch an Herrn Meier. Diskutieren Sie mit ihm über die Kriterien, die Sie zur Beurteilung anlegen und die möglichen Konsequenzen, damit er Sie versteht und sich auf Sie einstellen kann bzw. umgekehrt. Und finden Sie dann eine gemeinsame Lösung.

<small>Die Frage „Warum" führt immer in die Rechtfertigung und Verteidigungshaltung! „Warum" ist die uneffizienteste aller Fragen!</small>

Eine weitere Variante, emotionale Sicherheit aufzubauen ist, die Frage „Warum?" aus dem Sprachschatz zu streichen! Die Frage „Warum" führt immer in die Rechtfertigung und Verteidigungshaltung! „Warum" ist die uneffizienteste aller Fragen! Wenn Sie nach den Gründen fragen wollen, weshalb die Dinge sich so und so entwickelt haben, dann fragen Sie wortwörtlich nach dem Sachverhalt und stellen die Frage auch genau so! Lassen Sie sich alles, was die Sache betrifft, erklären, damit Sie den Kontext und die Zusammenhänge verstehen. Das bezeugt Respekt. Und dann stellen Sie weiterführende Fragen – zur Sache und ohne Unterton, der Ihre wahre Einstellung verraten wird. So geben Sie auf Dauer emotionale Sicherheit und bekommen Vertrauen und motivierte Mitarbeiter zurück.

Verantwortung!
Die Erlaubnis und die Fähigkeit, Verantwortung abzugeben, und das Risiko tragen zu lassen für die Ergebnisse – gut oder schlecht. Wer was mit welchem Risiko entscheiden darf, ist traditionellerweise eine Frage der Aufgaben- bzw. Stellenbeschreibung und der Hierarchieebene. Das heißt, in schwierigen Situationen, gemeinsame Entscheidungen zu treffen, hilft, Verantwortung an Einzelne oder an das Team zu übergeben und tragen zu lassen.

Im Zusammenhang mit Verantwortung, die übergeben wird, ist zwingend geboten, der Person auch die Autorität zu übergeben, um eine vertrauensvolle Zusammenarbeit zu schaffen. Autorität zu übergeben heißt, dem verantwortlichen Mitarbeiter oder Manager Entscheidungsgewalt *und* Handlungsvollmacht zu geben. Mischen Sie sich dagegen ein, wollen andere strategische oder konzeptionelle Wege gehen als Ihr Manager, und setzen es entsprechend durch, nehmen Sie diesem Manager die Autorität, Manager zu sein. Dann darf er zwar die Verantwortung tragen, aber sonst nichts. So wird ein Manager zum Lakaien, muss sich schlecht behandeln lassen und ist am Ende noch der Dumme, wenn die Performance bzw. die Ergebnisse nicht stimmen. Das ist Mobbing vom Feinsten bzw. unprofessionelles People Management. Dieser Führungsstil ist allseits bekannt und wirklich nicht beliebt. Verständlicherweise. Oder hätten Sie Vertrauen zu einem Vorgesetzten, der sich aktiv in Ihren Arbeitsbereich einmischt und Strategien vorgibt bzw. entscheidet, aber Sie dann die Verantwortung für die Ergebnisse tragen lässt, vor allem wenn sie negativ sind? Wahrscheinlich nicht. Weshalb sollten Sie auch! Es hat auch Konsequenzen, wenn Sie das mit sich machen lassen.

> AUTORITÄT ZU ÜBERGEBEN HEISST, DEM VERANTWORTLICHEN MITARBEITER ODER MANAGER ENTSCHEIDUNGSGEWALT UND HANDLUNGSVOLLMACHT ZU GEBEN.

Ein anderes Beispiel wie die Verantwortung untergraben wird: demotivierend ist es auch, wenn einer Ihrer Manager sich nach langer, reiflicher Überlegung von einem Mitarbeiter trennen will, Sie als Vorgesetzter des Managers aber dagegen votieren. Damit untergraben Sie die Autorität und das Selbstverständnis dieses Managers, Entscheidungen treffen und umsetzen zu können, die in seinem Aufgabengebiet liegen. Damit unterlaufen Sie auch jedwede Chance, dass dieser Manager echte Verantwortung entwickelt oder in Zukunft übernehmen will. Wer will schon für die Entscheidungen anderer den Kopf hinhalten? Die Situation für den Manager und seinen Mitarbeiter wird jetzt richtig schwierig, da beide weiterhin konstruktiv und effizient miteinander arbeiten sollten, was bei der Einschätzung des Managers schon gar nicht mehr möglich ist. Er hat sich längst innerlich von diesem Mitarbeiter verabschiedet. Und der Mitarbeiter spürt das selbstverständlich. Die Situation wird eines Tages eskalieren, wenn der verantwortliche Manager und sein „ungeliebter" Mitarbeiter auf

> Es gehört Bereitschaft, Fähigkeit und Professionalität dazu, Verantwortung und Autorität abzugeben und dies im Managementalltag zu praktizieren mit allen Konsequenzen.

diese Weise zur Kooperation gezwungen werden. Man braucht da schon Pokerface und gute Nerven gegenüber dem Mitarbeiter und auch dem Vorgesetzten, also nach oben wie nach unten.

Es gehört Bereitschaft, Fähigkeit und Professionalität dazu, Verantwortung und Autorität abzugeben und dies im Managementalltag zu praktizieren mit allen Konsequenzen. Dies anzunehmen, daran erkennen Sie, wer ein Entrepreneur im Denken und Handeln ist bzw. sein will. Die, die nicht die Verantwortung übernehmen wollen, werden die eingeschränkte Kompetenz ertragen müssen. Viele wollen dies auch und das ist auch in Ordnung so. Jeder muss sich jedoch der Konsequenzen bewusst sein, die sie mit sich führen.

Viele Mitarbeiter und Manager werden dann in Problemsituationen sofort die Schuld auf andere schieben und jede Verantwortung von sich weisen. Es ist eine Unternehmensentscheidung, ob Sie solche Manager und Mitarbeiter im Team akzeptieren wollen. Falls ja, werden Sie sich eines Tages damit auseinandersetzen müssen, dass die guten Player das Team verlassen werden, da sie es leid sind, ohne erkennenswerte Vorteile die Verantwortung für andere mit zu tragen. Schnelles Handeln und eine klare Entscheidung ist notwendig – für Ihre eigene Motivation und für die Motivation Ihrer besten Mitspieler.

Risikobereitschaft!

In Deutschland ist eine „Kultur des Scheiterns" nicht opportun! Im Gegensatz zu Amerika oder UK. Dort ist es normal zu scheitern und wieder neu zu starten. Stattdessen gilt das Nicht-Neustarten als Bankrotterklärung. Wir werden anders erzogen. Wenn man in Deutschland mit einer Unternehmens-Gründung Konkurs geht, dann wird er oder sie gesellschaftlich gemieden, geächtet auf der ganzen Linie – geschäftlich und meistens auch privat! Und von den Banken gibt es keine Kredite mehr für einen Neuanfang, da die Kreditwürdigkeit ausschließlich auf dem Geld beruht, das sie bereits auf der Bank liegen haben. Es zählen jedoch nicht Ihre Fähigkeiten oder einen erfolgreichen Track Record der Vergangenheit. Was für eine Ironie! Da bleibt nur noch die Brücke oder ins Ausland zu gehen. In anderen Nationen dieser Welt hängt die Kreditwürdigkeit von Ihrer Reputation und Ihren vergangenen Leistungen ab. Und dazu gehört auch das Scheitern. Donald Trump ist das berühmteste Beispiel. Donald Trump hat acht mal Konkurs angemeldet und ist und bleibt trotzdem einer der erfolgreichsten Immobilientycoons der westlichen Welt. Das wäre in Deutschland nicht möglich gewesen!

Risikobereitschaft hat mehrere Aspekte! Sie müssen damit rechnen, dass Entscheidungen und Handlungen Ihrer Mitarbeiter und Manager auch negative Konsequenzen nach sich ziehen können. Niemand weiß im Vorfeld, was richtig ist. Niemand. Jeder handelt in dem Bewusstsein, das Richtige zu tun! Und mit dem Bewusstsein des Risikos, dass etwas schief gehen kann. Jeder kann mit Leichtigkeit Fehler machen, Dinge falsch bewerten oder einschätzen. Niemand ist davor gefeit und geschützt. Sie müssen sich bewusst sein, dass jeder Handelnde in dem jeweiligen Augenblick immer nur sein Bestes gibt und sich der Richtigkeit seiner Handlungsweise absolut sicher ist. Sonst würde er etwas anderes tun! Mehr steht in dem Moment nicht zur Verfügung! Keiner macht Fehler mit Absicht. Das wäre sonst Sabotage. Risikobereitschaft für Sie heißt wörtlich genommen, dass Sie Vertrauen in die positiven Absichten der Mitarbeiter und Manager entwickeln und aufbauen. Vertrauen darauf, dass Absprachen eingehalten werden, dass das Wort gilt. Das bedeutet, dass Sie Ihre Erwartungen deutlich und klar kommunizieren. Und das Gleiche gilt für alle anderen auch.

> SIE MÜSSEN SICH BEWUSST SEIN, DASS JEDER HANDELNDE IN DEM JEWEILIGEN AUGENBLICK IMMER NUR SEIN BESTES GIBT UND SICH DER RICHTIGKEIT SEINER HANDLUNGSWEISE ABSOLUT SICHER IST. SONST WÜRDE ER ETWAS ANDERES TUN!

„Mach keine Fehler" als Erwartungshaltung ist unspezifisch. Eine dunkle, wabernde Wolke über jedem Mitarbeiter, die magisch Fehler anzieht! Stattdessen sagen Sie, was *genau* Sie wollen. Was genau sind Ihre Ziele und vereinbaren gemeinsam Wege, wie die Ziele erreicht werden können! Oder noch besser: Sie lassen Ihre Mitarbeiter und Manager machen, lassen sie die eigenen Wege finden und umsetzen. Ob die 100 % richtig sind, weiß keiner. In jedem Fall werden neue Ideen geboren. Die Motivation und das Verantwortungsgefühl, das Sie damit entfachen, wird die Erfolgschancen extrem steigern und die Risiken minimieren. Denn Ihre Mitarbeiter werden bereit sein, die Konsequenzen zu tragen und die Verantwortung zu übernehmen. Erstaunlicherweise reduziert dieses Verhalten und dieser Führungsstil das Fehlerrisiko in ganz erheblichem Maße!

Dass Sie Vertrauen und emotionale Sicherheit geben, eine Verpflichtung. Vertrauen, dass Sie ihn oder sie für die Besten halten, die diesen Job tun können! Motivation zu eigenständigem Handeln und dafür auch die Verantwortung und das Risiko zu tragen. Was Sie schlimmstenfalls erwarten können ist, dass Ihre Mitarbeiter aus den Fehlern lernen und sich in ähnlichen Situationen in Zukunft anders verhalten werden. Es ist es wert! Im besten Fall führt es zu den Ergebnissen, die Sie sich wünschen.

Kommunikationsstärke!
Kommunikationsstärke heißt nicht nur, ein brillanter Rhetoriker zu sein. Es gibt etwas Wichtigeres als das, nämlich die Fähigkeit zu respektvollem, wertschätzendem und offenem Umgang miteinander, das sich in eindeutigem Verhalten ausdrückt – verbal und non-verbal! Kommunikation ist immer das, was verstanden wird. Niemand kann heute mehr davon ausgehen, dass Verhalten genau so interpretiert und bewertet wird, wie es beabsichtigt war.

Wie eingangs erklärt, niemand macht Fehler mit Absicht, dazu gehören auch Kommunikationsfehler. Sie werden einfach nicht als „Fehler" gesehen. Trotzdem, fehlerhaftes Verhalten in der Kommunikation, zieht Konsequenzen nach sich. Konsequenzen im Denken und Fühlen bei den Mitarbeitern und Menschen und den entsprechenden Reaktionen – meistens negativ.
Manche Manager wundern sich irgendwann, weshalb ihnen die Mitarbeiter weglaufen, rebellieren oder in die innere Kündigung gehen. Es hat fast immer mit fehlender Kommunikationsstärke zu tun.

Fehlerhaftes Verhalten zum Besseren zu ändern, ist ein schwieriges Unterfangen. Man kann daran arbeiten, wenn man sich dafür entscheidet, diese Fehler zu korrigieren. Voraussetzung ist natürlich, dass man anerkennt, diese fehlerhaften menschlichen Verhaltensweisen zu besitzen. Das ist die größte Hürde, die es zu nehmen gilt – auch im Coaching und Training. Einsicht! Der Rest ist dann nun mehr eine Frage der Wahl des richtigen Instruments.

Fehlerhaftes Verhalten hat, wie es schon von Marschall Goldsmith beschrieben wurde, nichts mit den Fertigkeiten und Fähigkeiten eines Mitarbeiters zu tun, nichts mit der Intelligenz und nichts mit der Persönlichkeit eines Menschen. Die Fehler liegen in der fehlerhaften Kommunikation – verbal und non-verbal – zwischen Mitarbeitern und Führungskräften.

DIE FEHLER LIEGEN IN DER FEHLERHAFTEN KOMMUNIKATION – VERBAL UND NON-VERBAL – ZWISCHEN MITARBEITERN UND FÜHRUNGSKRÄFTEN.

Hier eine Auswahl besonders unangenehmer Verhaltensweisen von Führungskräften, die Sie wahrscheinlich kennen:
- sich ständig einmischen („Micro-Management"),
- permanente Kontrolle, ob die geforderte Arbeit auch gemacht ist
- immer gewinnen wollen, d.h. sich und seine Meinung ständig in den Vordergrund stellen
- wütend oder genervt agieren bzw. reagieren
- Anerkennung und Wertschätzung nicht geben
- ständig beurteilen und verurteilen
- Sarkasmus, die Projekte und Menschen herabsetzen sollen
- Negativität, d.h. immer erklären, weshalb etwas nicht funktionieren wird
- Sätze ständig mit „aber" oder „nein" beginnen
- Missachtung durch nicht zuhören können
- Dankbarkeit nicht zeigen oder ausdrücken
- Schuldzuweisungen und damit einher die Unfähigkeit, Verantwortung zu übernehmen
- Bevorzugung von Mitarbeitern, Cliquenwirtschaft

- Aggression, drohen und bestrafen als Taktik, um seinen Willen durchzusetzen
- sich nicht entschuldigen für unangemessenes Verhalten oder Fehler, die gemacht wurden
- Selbstüberschätzung und Prahlerei.

Verhaltensweisen, die die Leistungsfähigkeit, die Leistungsbereitschaft, die Motivation, das Beste geben zu wollen, einfach killen. Garantiert! Verhaltensweisen, die schlimmer für die eigene Gesundheit und ertragbaren emotionalen Stress sind, als bis zum Umfallen zu arbeiten oder schlecht bezahlt zu werden.
Gott sei Dank besitzt niemand alle fehlerhaften Verhaltensweisen gleichzeitig und niemand ist perfekt. Geben Sie den betreffenden Mitarbeitern und Führungskräften die Chance, dieses Verhalten zu korrigieren. Denn das ist machbar!

Individualität und Gestaltungsfreiraum!
Kreativ sind nicht nur Künstler. Kreativität beinhaltet die Entwicklung von neuen Ideen im Business, das Finden von effizienten Prozessen, das Gehen neuer Wege in der Kommunikation und neuer Wege in Wissenschaft und Forschung. Es ist das Zusammenspiel von Analyse und Kreativität, das neue Wege geht.
Kreativität ist unser natürlicher Zustand! Kreativität kann in dem gleichen Maße begriffen werden wie Logik und analytisches Denken. Es kann eine Methode gelernt werden, wie man die eigene Kreativität trainiert, genau so wie Sie Ihren Verstand trainieren, um ein Problem zu lösen.

Notwendig ist, der individuellen Kreativität den Raum zu geben, den sie braucht, um sich zu entfalten. Ihnen sind sicher die Erkenntnisse aus der Gehirnforschung, das Wissen um das Zusammenspiel zwischen linker und rechter Gehirnhälfte, bekannt! Wahrscheinlich kennen Sie aber auch das Profil, das Ihr Gehirn dominiert! Und wahrscheinlich denken Sie, es ist Ihr analytischer Teil, der dominiert. Sind Sie wirklich mehr ein analytisch denkender und Schritt für Schritt handelnder Mensch oder mehr jemand, der Intuition und Kreativität als wesentliche Handlungs- und Entscheidungsparameter beschreibt. Jeder Mensch hat beide Seiten zur Verfügung. Jeder Mensch ist also so „angelegt", dass beide Fähigkeiten der Rationalität und der Kreativität vorhanden sind. Die Besten sind die, die es schaffen, Planung und Improvisation, Analyse und Imagination, Logik und Intuition, Ernsthaftigkeit und Spiel, Imitation und Original, Kunst und Wissenschaft miteinander zu vereinbaren und auszudrücken! Gesamthafte Nutzung unserer Kapazitäten ist die Erfolgsformel: „whole-brain-thinking".

Gestaltungs- und Handlungsfreiraum ihren Mitarbeitern und Managern geben, heißt, ihnen den Raum für Kreativität zu geben. Gestaltungs- und Handlungsfreiraum zulassen heißt,

1. zu vertrauen, dass der Vorschlag des Mitarbeiters/Managers (oder des Teams), die bestmögliche Lösung des Problems sein wird, um die Aufgabe zur Zufriedenheit aller zu lösen.
2. zu kontrollieren, keine alternative Lösungen zum gleichen Problem selbst erstellen oder von anderen Mitarbeitern entwickeln lassen – weder parallel noch später. Es gilt Punkt 1. Und selbst auch dann sich zurückzuhalten, wenn Sie bereits glauben zu wissen, wie das Problem oder Projekt Ihrer Meinung nach zu managen wäre. Nichts ist frustrierender für einen Mitarbeiter als ständig zu hören, dass Sie ja schon alles kennen und wissen wie das Problem zu lösen sei. Zurückhaltung ist das Gebot und Zuhören. Öfters als Sie annehmen, können Sie von neuen Ideen überrascht werden oder zu neuen Perspektiven gelangen.

> GESTALTUNGS- UND HANDLUNGSFREIRAUM IHREN MITARBEITERN UND MANAGERN GEBEN, HEISST, IHNEN DEN RAUM FÜR KREATIVITÄT ZU GEBEN.

Für diejenigen Mitarbeiter, die ihre Individualität ausdrücken wollen und die den Gestaltungsfreiraum bekommen und nutzen, bedeutet dies zu Beginn meist ein neues Terrain. Je mehr sie sich jedoch daran gewöhnen, je mehr Sicherheit sie gewinnen, desto kreativer werden sie. Und desto mehr Ehrgeiz und Engagement werden entwickelt und ausgedrückt. Von dem Spaß ganz zu schweigen. Die Anweisung oder Empfehlung könnte wortwörtlich heißen: „Mach dein eigenes Ding!" Handele so, wie du glaubst das Projekt am Besten zu managen wäre.

Lassen Sie Mitarbeiter so arbeiten, als ob sie niemand dabei beobachtet, kontrolliert und beurteilt. So, wie sie es nur für sich selbst tun würden, wenn das Unternehmen ihnen gehört.

Lassen Sie Mitarbeiter so arbeiten, als ob sie niemand dabei beobachtet, kontrolliert und beurteilt. So, wie sie es nur für sich selbst tun würden, wenn das Unternehmen ihnen gehört. Was sich daraus an Performance entwickelt, genau das brauchen Sie in Ihrem Unternehmen und es ist das, was den Erfolg von Projekten entscheidend ausmachen kann. Ich verspreche Ihnen, jeder Mitarbeiter, der so behandelt wird, handelt mit mehr Verantwortung, Kreativität, Engagement und Achtsamkeit als jemand, der weiß, der Chef hat immer das letzte Wort und trägt die Verantwortung. Es sollen neue Ideen und neue Wege entwickelt werden und die Performance soll gesteigert werden. Sensationell werden die Ergebnisse sein!

Flexibilität und Schnelligkeit!

„The speed of the leader is the speed of the gang!"

„The speed of the leader is the speed of the gang!" ist ein Satz, der nicht klarer kommunizieren könnte, um was es geht. Flexibilität ja, Schnelligkeit ja, und Sie sind als Manager und Führungskraft das Vorbild in allem und für alle und bestimmen so das Tempo. Geschwindigkeit ist in unserer heutigen Businesswelt der entscheidende Faktor im internationalen Umfeld. Flexibilität und Schnelligkeit meint einen sehr hohen Grad an Reaktionsfähigkeit, an geistiger Mobilität. Und Sie sollten schneller sein als alle anderen. Dafür brauchen Sie allerdings eine innere Stabilität, brauchen Sie innere Ruhe und Balance. Ansonsten wird Flexibilität und Geschwindigkeit zu einer chaotischen Flucht nach vorn und endet in blindem Aktionismus.

Seien Sie Vorbild, denn Sie sind es.

Die Schlüssel erfolgreicher Motivation!

Wenn Sie heutzutage Veränderungen initiieren wollen, Menschen mit einem neuen Denken und Handeln erfolgreich werden lassen wollen, dann müssen Sie einen Weg finden, diejenigen Mitspieler vor allem zu motivieren, sich den Veränderungen zu stellen. „What's in it for me?" steht unausgesprochen im Raum. „Entrepreneurship" bzw. Unternehmertum in einem Unternehmen entsteht nicht von allein oder fällt irgendwie vom Himmel oder ist eine zufälliges Talent bestimmter Personen. Veränderungen bei Menschen zu initiieren müssen Sie heutzutage gemeinsam mit Ihren Mitarbeitern und Managern entwickeln. Stellen Sie sich eine Forschungs- und Entwicklungs-Division vor. Der Management-Fokus liegt auf den eigenen Fähigkeiten und der Expertise der F&E-Division. Primär. Denn das ist das Selbstverständnis, das Fachabteilungen für sich beanspruchen: zu wissen, wie Sie am besten Ihren Job machen können. Dem ist auch nicht viel entgegenzusetzen, so lange der Output für den Markt entsprechend erfolgreich ist. Die Ergebnisse zählen – national und international. Trotzdem fehlt oftmals das übergeordnete Denken.

Die Zeiten haben sich bereits in Lichtgeschwindigkeit geändert. Neue Produkte, neue Technologien, neue Unternehmen sind auf dem Markt und der gesamte asiatische Raum ist sozusagen im Vormarsch und überholt „good Old Europe" mit seinen neuen Ideen, Produkten und Prozessen und im Preis! „Value for money" hat heute eine völlig andere Konnotation als noch vor 5 Jahren.

Kosteneffizienz, time-to-market Realisierung, Zielgruppen, Kundenpräferenzen, Stärken/Schwächen, Ressourcen, wo ist der Wettbewerb besser/schlechter etc.! Alles Fragen, die ein unternehmerisches Denken und Handeln erfordern, das in seiner Gesamtheit von den wenigsten gesehen wird. Internationale Geschehnisse, Ergebnisse und Aufgaben zu analysieren und in eine Strategie einzubauen, wird von Marketing erwartet, vielleicht noch von Sales, aber selten von Forschungs- und Entwicklungsabteilungen. Doch gerade hier – sozusagen im Herzstück eines Unternehmens – ist ein gesamthaftes, unternehmerisches Denken existentiell.

Entrepreneurship, also ein unternehmerisches Mind Set zu entwickeln, bedeutet für einige Unternehmen Change auf der ganzen Linie. Die Formulierung von KPI's (Key Performance Indicators) und den ein oder anderen Workshop durchzuführen, werden da nicht ausreichen. Es gilt Top-Down den Veränderungsprozess zu führen bis Mitarbeiter und Manager wirklich verstanden haben, was neu ist und wie es sich umsetzen lässt. Schritt für Schritt. Je mehr Sie auf die Eigenverantwortung vertrauen, desto schneller erfolgt die Veränderung. Das heißt, dass Sie als Führungskraft mit Mitarbeiterverantwortung das nötige Rüstzeug und Know How benötigen, um die gewünschten Veränderungen zu begleiten und zu initiieren.

Die Schlüssel erfolgreicher Motivation und Initiierung von Veränderungsprozessen zu Entrepreneurship beginnt damit, zuerst den menschlichen Faktor verstehen zu lernen. Das heißt, menschliches Verhalten nachzuvollziehen, eine Ahnung davon zu bekommen, weshalb Menschen reagieren und handeln, wie sie es tun. Dabei geht es darum, die Wahrnehmung zu schärfen für menschliches Verhalten. Der nächste Schritt, wenn es darum geht, Verhalten in eine bestimmte Richtung zu verändern, ist, sich die Faktoren anzuschauen und zu wählen, die Verhalten verändern können.

Nummer 1: „Make me feel important!"
die wichtigste und wirksamste Maßnahme zu einem Entrepreneur Third Set ist die Motivation durch Akzeptanz, Wertschätzung auf verschiedenen Ebenen. Deshalb wird dieser Aspekt als Erster beschrieben.

Nummer 2: „The Power of Focus"
Menschen akzeptieren dann Veränderungen und sind motiviert mitzugehen, wenn sie selbst verstehen und nachvollziehen können, um was es eigentlich geht. Das heißt, wenn sie für sich eine Chance sehen, dass sie ihre Aufgaben erledigen können, dass sie gewinnen werden. Sie müssen das Ziel kennen, um sich entspre-

chend ausrichten zu können. Und Sie brauchen Disziplin durch strukturiertes Handeln und Prozesse.

Nummer 3: „Communication Excellence"
Kommunikationsstärke als Führungsinstrument ist keine Frage der Rhetorik oder Schlagfertigkeit, sondern eine Frage des Verständnisses für die Zielgruppe(n). Und zweitens eine Frage des bewussten Kommunikationsstils verbal und non-verbal. Um es mit den Worten Peter Drucker's auszudrücken: *„Kommunikation ist nicht eine zusätzliche Aufgabe des Managers, Management ist Kommunikation!"*

Nummer 4: „Risk and Responsibility"
Risiko- und Verantwortungsbereitschaft zulassen. Die Voraussetzungen dafür werden durch die Schlüsselfaktoren „Make me feel important", The Power of Focus" und „Communication Excellence" überhaupt erst geschaffen. Sie sind die Basis für die Fähigkeit, Risikobereitschaft zu zeigen und Verantwortung zu übernehmen. Das Ziel? Mitarbeiter und Manager zu befähigen, zu erlauben, ihr Unternehmen für die Anforderungen, das Tempo der heutigen Businesswelt und die internationalen Märkte wettbewerbsfähig zu machen. Das heißt, neue Wege gehen zu können, Innovationen zu ermöglichen, profitabel zu sein und Mehrwert zu schaffen.

Nummer 5: „A brand called YOU. A brand called WE"!
Jeder Entrepreneur ist, wenn er erfolgreich ist, immer auch unverwechselbar, ist eine Marke. Jedes Unternehmen und seine Mitarbeiter und Manager haben ihre eigenen Markenzeichen im Äußeren, im Auftreten, im Verhalten, in der Sprache. Es gilt die eigene unverwechselbare „brand" zu entwickeln und die unverwechselbare „brand" als Team!

Der menschliche Faktor!
Verhalten verstehen!

„Nothing is more practical than for people to deepen themselves. The more you understand the human condition, the more effective you are as a businessperson. Human depth makes business sense."

PETER KOESTENBAUM

Wie bringen wir die Kompetenzen und Fähigkeiten von unternehmerischem Denken und Handeln Mitarbeitern und Managern bei? Wie verändern wir Einstellungen und wie können langjährig „erprobte", und konditionierte Verhaltensweisen verändert werden? Eins ist mittlerweile bewiesen: Wenn Sie den menschlichen Faktor verstehen, d. h. wenn Sie Verhalten zumindest versuchen, nachzuvollziehen und zu akzeptieren, dann haben Sie den ersten wichtigen Schritt zur Veränderung getan. In meinen Augen der wichtigste. Die Chancen, Veränderungen bei Mitarbeitern und Managern tatsächlich zu realisieren, steigen in dem Maße, wie Sie die Sprache sprechen, die auch verstanden wird. Und diese individuelle Sprache können Sie erst dann sprechen, wenn Sie zuallererst verstehen, wer da vor Ihnen steht.

Nichtsdestotrotz bedeutet verstehen und adäquat kommunizieren nicht unbedingt gleichzeitig, dass gewünschte Verhaltensweisen oder Aktionen sofort umgesetzt werden können. Kontinuierliches Nachfassen in Form von Open Spaces, Coachings, Trainings und Feedback sind notwendig. Da Menschen sich meistens gemäß ihrer Vorbilder bzw. ihrer Vorgesetzten verhalten, sind Sie selbst das Vorbild für Ihre Mitarbeiter und Führungskräfte, d. h. die Veränderungen sollten über Sie zuerst sichtbar werden. Mitarbeiter spüren ganz genau und sehr subtil, wenn Sie als Vorgesetzter sprichwörtlich „Wasser predigen, aber Wein trinken!" Es ist wichtig für jede Führungskraft, zu verstehen, welche Prinzipien und Strukturen menschlichem Denken und Handeln zugrunde liegen. Wie nehme ich andere wahr und wie werde ich wahrgenommen, was sind die 6 emotionalen Grundbedürfnisse menschlichen Verhaltens? Welche Strategien werden angewendet, um sie zu realisieren und wie werden sie artikuliert. Welche grundlegende Faktoren bestimmen die menschliche Kommunikation untereinander? Und was ist das unsichtbare Schild, das jeder um seinen Hals trägt?

Wenn Sie achtsam sind und Ursache und Wirkung nachvollziehen, erkennen Sie an den Worten und an der Körpersprache ziemlich genau, wohin die Reise Sie führen soll. Wenn Sie sich des menschlichen Faktors bewusst sind und dieses Wissen einsetzen, sind Sie in der Lage, dem Verhalten und der Einstellung von Mitarbeitern verbal und nonverbal angemessen zu begegnen. Sie werden es Ihnen danken, da sie sich wirklich verstanden fühlen. Das reduziert den Stress für alle Beteiligten und wird Ihre Beziehungen – professionell oder persönlich – beachtlich verbessern.

In dem folgenden Kapitel finden Sie eine Kurzfassung wichtiger menschlicher Faktoren, die es zu verstehen gilt. Auf welcher Basis entstehen Gedanken, Glaubensmuster, Emotionen, zu erwartende Verhaltensweisen? Sie sind bei weitem nicht ausreichend beschrieben, erklärt und empirisch dargestellt – weder in der Tiefe noch in der Breite. Dafür ist in diesem Buch auch nicht der Platz vorhanden. Aber die kurzen Abrisse und Zusammenfassungen reichen aus, um Ihnen das notwendige Rüstzeug und praktisches Verständnis zu vermitteln, das Sie für das Management brauchen.

Alles im Leben beginnt mit ... ?

Natürlich mit uns selbst! Individualität ist das, was uns ausmacht und ist das, was jeden trennt! Es gibt knapp 7 Mrd. Menschen auf dieser Welt und alle sind verschieden. Keiner gleicht dem Anderen, nicht mal eineiige Zwillinge tun das. Die DNA, die Persönlichkeit, der Charakter, unsere Fähigkeiten, Talente und Stärken gibt es bekanntermaßen nur ein einziges Mal auf dieser Welt. Individualität ist das Einzige, was uns wirklich gehört!

„THE WORLD WE HAVE CREATED IS A PRODUCT OF OUR THINKING. WE CAN NOT CHANGE IT, WITHOUT CHANGING OUR THINKING!"
ALBERT EINSTEIN

Unsere Individualität drücken wir unterschiedlich aus. Aber egal wie wir das tun, alles beginnt zuerst mit einem Gedanken! Die Emotionen, die dabei ausgelöst werden, sind der nächste Schritt im Prozess. Sie entsprechen Ihren Gedanken, die bewerten – positiv oder negativ. Wenn Sie diese ändern, werden Sie Ihre Emotionen ändern. So können Sie die Welt verändern, durch eine Änderung Ihrer Gedanken!

„The world we have created is a product of our thinking. We can not change it, without changing our thinking!"   Albert Einstein

Die Vorstellung, wer Sie sind (Selbst-Image), die bewusst oder unbewusst gesetzten Ziele und Absichten, Ihre Glaubenssätze (was Sie über die Welt und die Menschen glauben), Ihre Gedanken und Urteile und die daraus entstehenden Emotionen sind der Antriebsmotor für die Welt und seine Veränderungen.

Die Abfolge von Gedanken, Emotionen und Verhalten baut sich laut Anthony Robbins wie folgt auf:
Etwas passiert! Irgend jemand sagt oder tut etwas in Ihrer Gegenwart bzw. mit Ihnen!
- 1. Dieser Stimulus erschafft einen oder mehrere Assoziationen und produziert eine körperliche Reaktion (sprechen, stärker atmen, was und wie sie sprechen, Körperbewegungen, vielleicht eine Veränderung Ihres gedanklichen Fokus)

- 2. Durch den Abgleich mit früheren Erlebnissen, die Sie in ähnlichen Situationen hatten – positive oder negative – erschaffen Sie eine eigene Interpretation, eine Form von Bedeutung oder Beurteilung für diesen Event – entsprechend positiv oder negativ!
- 3. Diese Interpretation erschafft in der Folge entsprechende Emotionen – analog der positiven oder negativen Erfahrung!
- 4. Daraus ergibt sich notwendigerweise ein bestimmtes Verhalten, eine Reaktion – verbaler oder non-verbaler Art!
- 5. Dieses Verhalten produziert in irgendeiner Form ein Ergebnis/ein Resultat bei Ihrem Gegenüber.
- 6. Sie haben das Ziel erreicht!

Das heisst, die Quelle menschlichen Verhaltens sind die Gedanken, die in der Folge Emotionen und Verhalten produzieren.

Das heißt, die Quelle menschlichen Verhaltens sind die Gedanken, die in der Folge Emotionen und Verhalten produzieren. Ein gemeinsames Verständnis von verschiedenen, oft verwendeten Begriffen sollten wir ebenfalls klären:

Was sind Glaubenssysteme, Glaubenssätze? Ein Glaube ist das Gefühl der Sicherheit über die Bedeutung einer Sache! Allen bekannt ist die Unterscheidung an Auffassungen, Verhaltensweisen und spezifisches Rollenverhalten zwischen der westlichen und der östlichen Welt. Global unterschiedliche Glaubenssysteme gibt es zu den Themen Religion, Geld, Moral, Liebe, Tod, Frau sein, Mann sein, Spiritualität, Arbeit, Verantwortung, Hierarchie, Autorität, Fairness, Zeit, Leben, Tod etc. Sie sind unterschiedlich emotional besetzt, werden entsprechend interpretiert und – gemäß der gelernten Codices – ausgedrückt. Je mehr wir wissen über die Glaubensmuster einer Person, desto besser können wir bestimmtes Verhalten auch verstehen.

Was sind Werte? Werte sind die Antwort auf die Frage „Was will ich (sind meine Ziele)?" und „Weshalb?". Das eigene Wertesystem definiert die Grundlage. Je deutlicher Sie auf die Motive Ihrer Ziele schauen, je klarer werden Ihre Kernwerte: Gesundheit, Abenteuer, Liebe, Sicherheit, Schönheit, Unabhängigkeit, Freundschaft, Karriere, Wissensvermehrung etc.

Wenn Ihr höchster Wert Gesundheit geworden ist, wird sich alles darum drehen, gesund zu leben.

Analog können Sie Ihre Werte einmal abchecken, wie diese tatsächlich jede Minute Ihres Lebens beeinflussen. Ist ein hoher Wert Unabhängigkeit und Abenteuer, werden Sie wahrscheinlich selbständig sein. Wenn Sie zum Beispiel auf Sicherheit aus sind, werden Sie um nichts in der Welt Ihr Geld in riskante Geldanlagen anlegen, sondern irgendwo in Sicherheit bringen.

Was sind Regeln? Regeln sind Erwartungen an Verhaltensweisen bzw. Rollenverhalten: „Wenn dies …, dann muss genau das sein oder passieren." Es gibt Erwartungen, die Sie an Ihre Eltern haben, Rollenerwartungen für Ihren Lebensgefährten/Ehepartner. Es gibt Regeln für bestimmte Situationen im Privatleben oder im Geschäftsleben. Sie erwarten ein bestimmtes Rollenverhalten von Vorgesetzten, Mitarbeiter, Geschäftspartnern und Sie haben selbst Regeln für Ihr eigenes Verhalten aufgestellt.

Es ist immer gut zu wissen, welche Regeln und Rollenerwartungen andere Menschen haben. Nicht nur hier, sondern gerade wenn sie international arbeiten, müssen Sie die Spielregeln in anderen Ländern kennen. Was sich immer bewährt, ist sich bewusst zu sein, dass jeder Mensch – ein Mensch ist und bleibt mit ganz persönlichen Bedürfnissen, die wahrscheinlich anders sind, als die Ihrigen. Wir sind in anderen Ländern nur Gäste. Und von Gästen wird erwartet, dass sie sich anpassen. Nicht umgekehrt.

Ein weiterer Aspekt, der auf Motivation einen erheblichen Einfluss hat, ist das „Selbst-Image". Das Selbst-Image, also dass, was ich über mich selbst glaube bzw. nicht glaube (ich bin anerkannt, ich bin erfolgreich, attraktiv, reich, glücklich, zufrieden, in Balance etc.). Darüber hinaus definiert das Selbst-Image die Grenzen für die eigenen Leistungen als „Ich kann das" oder „Ich kann das nicht". Ob es stimmt oder nicht ist Glaubens- und Willenssache.

Die Ursachen von Veränderungen menschlichen Verhaltens auf Basis von Glaubenssätzen wurde bereits in den fünfziger Jahren durch Dr. Maltz in den USA beobachtet, experimentiert und niedergeschrieben. Er war Schönheitschirurg, der vor allem Unfallopfer operierte. Er fing an, sich mehr und mehr mit menschlichem Verhalten und Einstellungen zu beschäftigen als er feststellte, dass Schönheitsoperationen bei einigen Menschen einen enormen Zuwachs an Selbstvertrauen und Lebensfreude bewirkten und bei anderen bewirkten sie nichts! Diese letztgenannte Gruppe erweckte seine Neugier und Forschergeist. Also führte er Untersuchungen durch, um die Hintergründe und Unterschiede festzustellen. Bereits 1960 veröffentlichte er das grundlegende Buch zu diesem Thema „Psycho-Cybernetics", das die Ideen über unsere Handlungen, Erfolge und Misserfolge und die Gründe dafür in ein neues Licht rückte.

Das Selbst-Image ist also der Schlüssel für die Persönlichkeit und das Verhalten eines Menschen.

Das Selbst-Image lässt sich nicht allein durch ein neues Denken und Bewusstsein korrigieren, sondern auch durch neue Erfahrungen bzw. neue Ideen und neue Gedanken, die neue Gefühle und damit eine neue Wahrnehmung über sich selbst oder das Geschehene generieren. Wer bin ich, wo will ich hin und vor allem wie! Durch Erfahrungen, die stark emotional besetzt sind, wird das Selbst-Image bereits in der Vergangenheit geschaffen. Durch neue Erfahrungen, Gedanken, Visualisierungen, die emotional besetzt sind, kann es auch wieder geändert werden. Positiv als auch negativ! Visualisierungen sind ein sehr machtvolles Instrument, neue positive Erfahrungen zu sammeln, neue Ziele zu erreichen und ein neues Selbstimage aufzubauen. Untersuchungen, haben gezeigt, dass wir in unserer Vorstellungskraft Erfahrungen synthetisch herstellen können. Imaginationen, die das menschliche Gehirn nicht von realen unterscheiden kann. Diese synthetischen Erfahrungen können genutzt werden, um tatsächlich Leistungen zu verbessern, wie zum Beispiel im Sport auch Ängste abbauen oder erfolgreich im Business sein. Positive Erfahrungen mit der Konsequenz eines geänderten Selbst-Images sind wesentlich für ein glückliches Leben.

Das Selbst-Image ist also der Schlüssel für die Persönlichkeit und das Verhalten eines Menschen. Verändern Sie es, so verändern Sie Ihr Verhalten. Mehr noch, das Selbst-Image setzt die Grenzen dessen, was ein Mensch erreichen kann. Erweitern Sie Ihr Image von sich selbst, so expandieren Sie Ihre eigenen Möglichkeiten. Sie erweitern es durch neues Denken, positive Erfahrungen und Aktionen: „ich kann das ... und ich will das ...!"

Das Gehirn, das Nervensystem und das Muskelsystem agieren zusammen, wenn sie mit entsprechenden Zielen „programmiert" werden. Wir sprechen über eine Art menschliche Software. Wie alle elektronischen Maschinen arbeitet unser Gehirn so, dass es mit Informationen und Daten arbeitet, um ein bestimmtes Ziel zu erreichen. Unser Unterbewusstsein, das einen eigenen Algorithmus kennt. Unser „Unterbewusstseins-Software", hat keinen eigenen Willen und es bewertet nicht! Es unterscheidet nicht zwischen gut und schlecht, positiv und negativ, sondern ist neutral. Deshalb wird es genauso effektiv arbeiten, wenn es ein negatives Ziel gesetzt bekommt. Es liefert Ihnen die Informationen, Erfahrungen und die dazugehörigen Emotionen, die sie ihm – real oder als „Filme" zugeführt haben. Es versucht immer, das gesetzte Ziel zu erreichen, dabei entsprechend Ihres Wertesystems, der erfahrenen Emotionen und Verhaltensmuster zu reagieren.

> Das Gehirn, das Nervensystem und das Muskelsystem agieren zusammen, wenn sie mit entsprechenden Zielen „programmiert" werden. Wir sprechen über eine Art menschliche Software.

Das Ziel ist, das Bild über sich selbst zu realisieren und zu bestätigen. Es gibt dabei zwei verschiedene Wege, wie es arbeitet. Der eine Weg ist die ausschließliche Fixierung auf ein genaues Ziel. Dabei kennt es dann den gelernten Weg, den es gehen muss, um das Ziel zu erreichen. Der gespeicherte Weg zur Erlangung des Ziels führt zum Ziel.

Der andere Weg, wie unsere menschliche Software arbeitet, könnte man als „Scannen" bezeichnen. Stellen Sie sich vor, der Raum ist dunkel und Sie wissen, dass auf dem Tisch ein Glas Wasser steht, das Sie trinken wollen. Was machen Sie? Sie tasten mit den Fingern herum, lehnen Objekte ab, die nicht passen und dies so lange bis Sie einen Gegenstand fühlen, der Sie an die Form eines Glases erinnert. Sie nehmen an, es handelt sich um das besagte Glas, nehmen es hoch und trinken. Durch ständiges Abgleichen und Anpassung der geringsten Abweichung auf der Wegstrecke, gelangen Sie zum Ziel. Durch Versuch, Irrtum und Richtigstellung, wie eine Cruise Missile, die sich ihr Ziel genau so sucht und es findet.

6 emotionale Grundbedürfnisse!

Bei allem, was Menschen tun, gibt es einen Grund, weshalb sie es tun. Nichts, aber auch gar nichts passiert, ohne das ein Mensch nicht in irgend einer Form Nutzen daraus ziehen kann und will. Das ist so. Wenn man sich die Geschichten von Menschen anschaut oder anhört – berühmt oder nicht – stellt sich am Ende des Tages die Frage, was motiviert bzw. treibt Menschen an? Warum leben manche Menschen ein erfülltes Leben und andere nicht? Wodurch wird ein Held erschaffen und was macht aus einem unschuldigen Kind später einen Mörder?

> Menschen sind dennoch trotz ihres nationalen, kulturellen und politischen, wirtschaftlichen und persönlichkeitsrelevanten Eigenheiten und Abgrenzungen in wesentlichen Dimensionen gleich.

Menschen sind dennoch trotz ihres nationalen, kulturellen und politischen, wirtschaftlichen und persönlichkeitsrelevanten Eigenheiten und Abgrenzungen in wesentlichen Dimensionen gleich. Nicht nur unsere menschlichen Körper ähneln sich sehr, sondern auch unsere emotionalen Grundbedürfnisse. Das Menschen über weitere sechs grundlegende Bedürfnisse verfügen, die es zu realisieren gilt, glaubte bereits Dr. J. Schindler in seinem Buch „How to live 365 days a year". Es sind die emotionalen Grundbedürfnisse „the need for ... love, security, creative expression, recognition, new experiences and self-esteem."

Anthony Robbins beschreibt ebenfalls sechs emotionalen Grundbedürfnisse, die im Wesentlichen menschliches Verhaltens prägen. Es sind:

- Certainty/Comfort   (Sicherheit/Geborgenheit)
- Uncertainty/Variety   (Unsicherheit/Abwechslung)
- Significance   (Bedeutung und Anerkennung)
- Connection/Love   (Liebe, Nähe zu anderen Menschen)
- Growth   (Wachstum, Lernen)
- Contribution   (Beitrag zu höheren Zielen; anderen Menschen helfen)

Wir sprechen von existenziellen Grundbedürfnissen für jeden Menschen! Die Menschen auf dieser Welt unterscheiden sich nicht in diesen Grundbedürfnissen, sondern lediglich in ihren Konzepten und Strategien, um sich diese Grundbedürfnisse zu erfüllen. Die einen drücken „Significance" aus in Form von materiellen Dingen, die anderen auf spiritueller Ebene. Für die, die in Kriegsgebieten leben, steht die physische Unversehrtheit an oberster Stelle. Wiederum andere sehen die Erfüllung ihres Lebens darin, anderen Menschen zu dienen. Alle sechs Grundbedürfnisse sind gleich berechtigt. Es kommt darauf an zu sehen, welchen Fokus Menschen in der Bedürfnishierarchie haben.

Nummer 1: „Certainty/Comfort"
(das Bedürfnis nach Sicherheit/Geborgenheit)
Was Leben wirklich bedeutet, wird uns immer erst dann bewusst, wenn unsere körperliche Unversehrtheit oder unsere Existenz gefährdet ist, wenn uns selbst oder uns nahe stehenden Personen etwas passiert. Gesundheitlich, finanziell oder in der Partnerschaft bzw. Familie. Erst dann merken wir, wie kostbar Leben ist. Wer noch nie in einer Existenz bedrohenden Situation gewesen ist oder in seiner Existenz bedroht war, wird wahrscheinlich nicht nachvollziehen können, welches grundlegende Gefühl nach Sicherheit und Unversehrtheit *wirklich* gemeint ist. Das Gefühl, das jeder Mensch jedoch in erster Linie sucht, ist das nach Sicherheit, Schutz und Geborgenheit. Nach physischer und psychischer Unversehrtheit – keiner Gefahr ausgesetzt zu sein. Nicht nur für den Moment, sondern immer.

Das Nicht-Vorhandensein dieses Gefühls, löst massive Existenzängste aus, produziert sofort Adrenalin und Cortisol und endet in Schmerzen – auch wenn tatsächlich keine Gefahr für das eigene Leben besteht. Es ist ein grausames Gefühl. Burn Out Syndrome sind das klassische Beispiel dafür. Alle langfristig stressgeplagten Manager kennen die physischen und emotionalen Reaktionen im Körper. Wegen dieses Grundbedürfnisses nach Sicherheit und Unversehrtheit prüfen wir bei allem, was auf uns zukommt (ein Anruf, eine Anfrage, eine Bitte, der Zorn eines anderen Menschen etc.), ob es uns in Gefahr bringt oder nicht. Der

DAS NICHT-VORHANDENSEIN DIESES GEFÜHLS, LÖST MASSIVE EXISTENZÄNGSTE AUS, PRODUZIERT SOFORT ADRENALIN UND CORTISOL UND ENDET IN SCHMERZEN – AUCH WENN TATSÄCHLICH KEINE GEFAHR FÜR DAS EIGENE LEBEN BESTEHT.

Mensch sucht immer und zuallererst die Sicherheit. Auch in der Gefahr, die er bewusst gewählt hat. Alle Extremsportler werden Ihnen das bestätigen. „Certainty/Comfort" ist das wichtigste Bedürfnis eines jeden – absolute Sicherheit für die eigene Existenz. Sie ist größer als die Freude, etwas Positives zu erleben.

Welche Strategien gibt es, diese Sicherheit zu erhalten? Was ist der Fokus? Die meisten Menschen sichern lieber das, was sie gerade haben, als dass sie das Risiko eingehen, mehr zu bekommen. Sicherheit steht also im Vordergrund. Die gleiche Motivation steht dahinter wenn Menschen andere kontrollieren. Kontrolle über alles und jeden zu haben verschafft Sicherheit. Es gibt auch Menschen, die sich gerne kontrollieren lassen, weil ihnen das auch Sicherheit verschafft. Andere Strategien zur Überwindung der Unsicherheit sind übermäßiger Alkohol- und Drogenkonsum oder übermäßig essen. Kennen Sie die Gruppe der Menschen, die gerne Recht haben wollen? Um jeden Preis? Auch eine Frage des persönlichen Sicherheitsbedürfnisses.

Was tun Sie selbst, um Sicherheit in Ihrem Leben zu (er)halten?

Nummer 2: „Uncertainty/Variety"

(das Bedürfnis nach Abwechslung und Vielfalt)

Nun das Pendant! Was passiert, wenn Sie sich absolut und 100% dessen sicher sind, bei dem was sie tun? Wenn Sie genau wissen, wie Ihr Leben beruflich und/oder privat geplant ist und es entsprechend leben? Wenn es nichts mehr zu erreichen gilt, weil Sie glauben, alles schon erreicht zu haben! Richtig! Sie werden sich nach einer Zeit langweilen! Die Konsequenz daraus? Sie werden losgehen und einiges tun, um etwas Spannung und Abwechslung in Ihr Leben zu bringen. Sie treiben Sport, gehen auf Reisen, auf Veranstaltungen, Sie zerstreuen sich auf die mannigfaltigste Art. Sie suchen Risiko, Abenteuer. Sie suchen Unsicherheit in Ihrem Leben. „Uncertainty" ist das berühmte Salz in der Suppe des Lebens.

> „Uncertainty" ist das berühmte Salz in der Suppe des Lebens.

Welche Strategien gibt es, um „Uncertainty bzw. Variety" zu erleben. Drogen gehören dazu, genauso wie Alkoholkonsum, Shoppingzwang oder auch Sportzwang. Manche fahren Autorennen auf der Landstraße oder der Autobahn, um mehr Abwechslung zu erleben. Manche wechseln ständig den Wohnort oder die Wohnung. Oder üben einen Beruf aus, der sie ständig in andere Welten katapultiert! Der Antrieb ist „Uncertainty". Beobachten Sie sich und andere und fragen Sie nach der Strategie, wie „Uncertainty" ermöglicht wird. Die Balance zu finden zwischen „Certainty" und „Uncertainty/Variety" beschäftigt uns unser ganzes Leben. Schlägt das Pendel zu stark in die eine Richtung aus, bewegen wir uns automatisch stärker in die andere Richtung! Egal, wo wir starten! Und das machen alle Menschen so, wenn sie die Möglichkeiten dazu haben!

Nummer 3: „Significance"

(das Bedürfnis nach Anerkennung)
Für jemand anderen wichtig zu sein, anerkannt zu sein, ist bedeutsam für uns alle und ebenfalls ein grundlegendes Bedürfnis der menschlichen Spezies. Wir sind soziale Wesen und Anerkennung zu erhalten für das, was wir tun, ist für jeden existentiell. „Significance" meint das Bedürfnis, Bedeutung zu haben, wichtig zu sein, gebraucht zu werden; das Gefühl, dass es einen Grund gibt, auf dieser Erde zu sein. Die Sinnfrage stellt sich hier für die eigene Existenz!

> „SIGNIFICANCE" MEINT DAS BEDÜRFNIS, BEDEUTUNG ZU HABEN, WICHTIG ZU SEIN, GEBRAUCHT ZU WERDEN; DAS GEFÜHL, DASS ES EINEN GRUND GIBT, AUF DIESER ERDE ZU SEIN.

„Significance" zu erhalten, kann sich in verschiedenen Formen ausdrücken und in unterschiedlicher Stärke:
Wie zeigt jemand anderen Menschen sofort – binnen Sekunden – dass er besser nicht ignoriert werden sollte? Ganz einfach durch einen Gewaltakt auch in der Öffentlichkeit! Wenn jemand bei helllichtem Tag an einem belebten Platz einem anderen eine Pistole an den Kopf hält oder zusammenschlägt, dem wird sofort alle Aufmerksamkeit zuteil. Es gibt leider zu viele Menschen, die sonst keine Alternative sehen, als durch Gewalt Bedeutung und Aufmerksamkeit zu erlangen. Da wir solches Verhaltens durch Filme und Computerspiele noch verherrlichen, werden einige Menschen in dieser Verhaltensweise bestätigt und machen

es nach! Weil sie glauben und erleben, dass es funktioniert! Und manche, weil sie so erzogen wurden, dass selbst Gewalt als Liebesbeweis missverstanden wurde. Jugendliche ohne Ausbildung kennen oftmals keinen anderen Weg, weil sie es nicht anders gelernt haben. Und manche tun alles, um ein Mal in ihrem Leben auf die Titelseite von Zeitungen zu kommen.

Significance ist auch der Antrieb für die, die nach Macht streben – politisch, eine Business- oder eine Finanz-Karriere. Significance erlangen Professoren, besonders die mit den vielen Doktortiteln. Oder Frauen, die durch die Männer, die sie ehelichen, Significance erhalten.

Ein bestimmtes Styling oder Produkt einer teuren Marke setzt Signale für eine bestimmte Zielgruppe. Andere wiederum brauchen viele und teuere Spielzeuge nach dem Motto „mein Haus, mein Auto, mein Boot ..."! Sportler zum Beispiel trainieren und tun alles, um die Nummer 1 zu werden bzw. zu bleiben. Das Gefühl gebraucht zu werden von anderen Menschen folgt dem Bedürfnis nach Significance für das eigene Leben. Sie äußert sich in Fürsorge für andere.

Significance ist in jedem Fall außenorientiert. Significance braucht immer mindestens zwei weitere Personen bzw. die Öffentlichkeit. Was passiert, wenn jemand wirklich signifikant geworden ist in den Augen anderer, also so mächtig wie die Vorstandsvorsitzenden großer Konzerne? Sie sind meistens allein, auch in Gesellschaft vieler Menschen um sie herum. Weshalb? Weil in der Gegenwart eines Menschen, der wirklich signifikant ist, sich alle anderen nicht mehr signifikant fühlen. Das verspannt. Die Strategie, sich rar zu machen, folgt ebenfalls dem Bedürfnis nach gesteigerter Significance.

Significance erreichen Sie persönlich übrigens am Schnellsten, wenn Sie anderen Menschen Significance geben! Indem Sie sich ihnen zuwenden und zeigen, dass sie wichtig für Sie sind.

Nummer 4: „Connection/Love"
(das Bedürfnis nach Vernetzung und Liebe)
„Connection/Love" bezieht sich sowohl auf andere, als auch auf sich selbst. „Connection/Love" beinhaltet Nehmen und Geben, um geliebt zu werden. Es impliziert nicht nur die Verbindung oder Liebe zu einem einzigen Menschen. Es meint die Verbindung zu sich selbst, zur Natur und zu allen Menschen – auf unterschiedlichsten Ebenen. Was tun wir, um Connection/Love zu bekommen? Wir werden zum Beispiel Mitglied eines Sportclubs oder eines Sportteams. Letzteres erfüllt uns gar vier Wünsche auf einmal: Sicherheit durch die Gruppe, Abwechslung durch die Aufregung und den Nervenkitzel, ob wir es schaffen zu siegen; Significance, wenn wir siegen und natürlich Connection/Love im Team.

> ES MEINT DIE VERBINDUNG ZU SICH SELBST, ZUR NATUR UND ZU ALLEN MENSCHEN – AUF UNTERSCHIEDLICHSTEN EBENEN.

Alle Formationen von Gruppen, Cliquen, Gangs erfüllen „Connection/Love". Aber auch der Arbeitsplatz verschafft „Connection/Love", „Certainty" und oft auch gleichzeitig „Significance". Andere haben Hunde und Katzen. Ein Hund freut sich immer, Sie zu sehen. Egal, wie Sie aussehen, wie Sie sich fühlen, ob gut oder schlecht gelaunt oder krank, egal! „Connection/Love" – ohne Bedingungen. Verbundenheit mit der Natur, in der Natur sein ist Ausdruck von „Connection/Love". Spiritualität – die Verbindung zu Gott ebenfalls. Jedwede Form von Schönheit – in der Kunst, in der Literatur oder in der Musik – „Connection & Love".
Diese im Vorfeld beschriebenen vier Bedürfnisse sind die wichtigsten in unserem Leben.

Nummer 5: „Growth"
(das Bedürfnis nach Wachstum und Selbstverwirklichung)
Wachstum ist gleichzusetzen mit Leben. Alles was auf diesem Planeten geboren wurde, wächst und ist deshalb lebendig. Wachstum kann als Synonym für Leben genommen werden. Es spielt keine Rolle, wie viel Geld Sie besitzen oder was Sie alles erreicht haben. Wenn Sie nicht das Gefühl dabei haben, sich weiter zu entwickeln, zu wachsen, werden sie unzufrieden, unerfüllt sein. Es ist das gleiche bei Seminaren und Trainings. Jeder will bes-

ser, effizienter werden, etwas Lernen. Jeder erwartet Abwechslung und Neues. Das Hotel und sonstiger Service und Programme, selbst der Ort kann noch so ausgefallen und traumhaft sein. Wenn Sie nicht das Gefühl haben, etwas gelernt zu haben in den 2 Tagen, werden Sie das Ganze wahrscheinlich als verschwendete Zeit und verschwendetes Geld abwerten. Ihr Bedürfnis nach weiterem Wachstum und den Aufwand, den Sie dafür betrieben haben, wird nicht erfüllt.

WACHSTUM UND WEITERENTWICKLUNG IST EIN NATÜRLICHES STREBEN.

Wachstum und Weiterentwicklung ist ein natürliches Streben. Kinder lernen so und wachsen entsprechend physisch und psychisch heran! Es ist in unserem Erbgut so abgespeichert. Wenn wir aufhören zu lernen, beginnen wir zu sterben!

Auch die Maslow'sche Motivationspyramide, die die einzelnen Entwicklungsstufen und Bedürfnishierarchie des Menschen beschreibt, deklariert nicht anderes als die natürlichen Wachtums- und Entwicklungsstufen der Menschen. Welche Vehikel nutzen wir, um auch als Erwachsene weiter zu wachsen? Alle Ausbildungsmaßnahmen, Erlernen von neuen Fähigkeiten und Fertigkeiten, eine neue Sprache, eine neue Sportart, ein Handwerk, jedwede Form kreativer Arbeit ermöglicht Wachstum! Reisen, Literaturstudium, Abenteuer und andere Formen der Weiterbildung sind dazu geeignet, den eigenen Horizont nicht nur in der Theorie, sondern auch in der Praxis durch Erfahrungen zu erweitern. Der Charakter eines Menschen ist durch die Erfahrungen und das was er lernt einer stetigen Weiterentwicklung unterworfen.

JEDER MENSCH HAT EBENFALLS EINEN TIEFEN WUNSCH, ÜBER SEINE EIGENEN BEDÜRFNISSE HINAUS ZU GEHEN UND EIN LEBEN ZU LEBEN, DAS EINEM HÖHEREM ZIEL DIENT.

Nummer 6: „Contribution"

(das Bedürfnis, einen Beitrag zu leisten, etwas zurückzugeben) Jeder Mensch hat ebenfalls einen tiefen Wunsch, über seine eigenen Bedürfnisse hinaus zu gehen und ein Leben zu leben, das einem höherem Ziel dient. Es sind diese Momente, wo wir ein tiefes Gefühl der Zufriedenheit und Erfüllung erleben. Anderen Menschen helfen, der Welt etwas zu geben und zu hinterlassen, dem eigenen Leben dadurch Bedeutung zu geben, das ist mit „Contribution" gemeint. Die Mitgliedschaften und die Mitarbeit an allen Hilfsorganisationen, die Arbeit für den Kinderschutz, den Umweltschutz, der Einsatz für Menschenrechte, gegen Misshandlungen und Missbrauch von Menschen – vor allem für die, die schutzlos und schwach sind wie alte Menschen und Kinder. Die Unterstützung von Schwerstkranken, für Arme in der dritten Welt, für Hilfsaktionen in Kriegsgebieten. Nichts gibt uns eine größere Befriedigung als selbstlos zu geben.

Das ultimative Geheimnis eines glücklichen Lebens ist natürlich die Balance zu finden zwischen den sechs Grundbedürfnissen. Wenn jemand etwas tut – gut oder schlecht für den Rest der Welt, können Sie sicher sein, dass diese Person ein hohes Maß an Befriedigung mindestens eins der oben beschriebenen Bedürfnisse hat. Wenn wir vermuten, dass mindestens eine der vorangegangenen Bedürfnisse befriedigt wird, dann starten wir eine Aktion. Auf der Suche nach der Antwort bei „What's in it for me bzw. ... for them?" heißt es, sich die Grundbedürfnisse anzuschauen und zu erkennen. Dann wissen Sie, was zu tun ist.

Der Unterschied zwischen den Nationen, Rassen und Kulturen liegt in den unterschiedlichen Strategien zur Erfüllung dieser Bedürfnisse.

Der Unterschied zwischen den Nationen, Rassen und Kulturen liegt in den unterschiedlichen Strategien zur Erfüllung dieser Bedürfnisse.

Wahrnehmungstypen und Wahrnehmungsfilter!

„Wir können in der äußeren Welt nur das sehen, was wir in unserem Bewusstsein belebt haben. Die Welt ist nur das, was wir sind. Sie spiegelt nur das wider, was wir in uns haben."

MAHARISHI

Wie werde ich wahrgenommen? Wie nehme ich andere wahr? Jeder einzelne von uns lebt in seiner ganz eigenen Welt. Es sieht zwar vordergründig nicht so aus, aber 7 Milliarden Menschen auf diesem Planeten leben in 7 Milliarden Realitäten. Die Art und Weise, wie wir die Welt erleben, ist davon gekennzeichnet, wie wir aufgewachsen sind, was wir erlebt haben und welche Rückschlüsse wir daraus gezogen haben. Was wir über die Welt wissen, über sie glauben und welches soziale und kulturelle Umfeld uns geprägt hat.

Jeder glaubt, so wie er die Welt persönlich erlebt, so ist sie und so sehen sie auch alle anderen. Tatsächlich betrachten wir sie durch unsere konditionierte Brille. Wenn wir anfangen, uns davon zu lösen, passiert etwas Ungewöhnliches: wir machen neue Erfahrungen, neue Menschen treten in unser Leben und einiges wird leichter. Wir sind freier in unserem Denken. Wir erlangen Wahlfreiheit, d. h. wir können so oder so handeln – je nach Perspektive. Und wir erleben, dass das Leben uns mit Dingen, Menschen, Erfahrungen konfrontiert, die wir brauchen können bei der Entwicklung unseres eigenen Potentials, unserer Fähigkeiten und Talente.

Sie und ich und alle anderen entdecken und nehmen die Welt nur durch die 5 Sinne wahr, wobei innere Vorgänge und Wahrnehmung gleich gesetzt sind. Wir nehmen die Welt wahr visuell mit den Augen, auditiv mit den Ohren, olfaktorisch mit der Nase, kinästhetisch mit allen Teilen des Körpers, vor allem der Haut und gustatorisch mit dem Gaumen. Durch Sehen, Hören, Riechen, Schmecken und Fühlen erfahren wir jede Sekunde unserer subjektiven Wirklichkeit. Die 5 Sinne sind nicht bei jedem gleich stark ausgebildet, sondern unterschiedlich. Deshalb bevorzugen wir in der Regel ein bis zwei Sinneskanäle verstärkt, die unsere Wahrnehmung filtern. Es handelt sich bei uns sehr häufig um visuelle/akustische oder visuelle/kinästhetische Repräsentationen. Menschen lassen sich deshalb in diese unterschiedlichen Wahrnehmungstypen bevorzugt einteilen.

Bilder, Gerüche, Klänge, Mimiken, Gesten, Berührungen und Geschmacksempfinden sind durch Erfahrungen miteinander verknüpft. Entsprechend werden sie interpretiert und selten hinterfragt, weder beim Sender noch beim Empfänger.

Das Gebiet ist nicht die Landkarte oder anders ausgedrückt, jeder hat sein eigenes Modell von der Welt und zieht entsprechend die Schlussfolgerungen auf Basis des Gebietes. Es ist nur ein kleiner Ausschnitt dessen, was möglich oder gar Realität ist, denn die Landkarte ist größer und ermöglicht deshalb auch ganz andere Schlussfolgerungen. Bei jedem Menschen anders, da jeder andere Erfahrungen sammelt, in einer anderen Umwelt und Kulturkreis lebt und ein anderer Wahrnehmungstyp ist. Die Prägungen jedoch haben Auswirkungen darauf, wie viele und welche Informationen bei einem Menschen ankommen bzw. eben nicht ankommen und verstanden werden. Sie gehen verloren. Weil jeder seine eigene Sprache spricht (verbal oder nonverbal), die der andere nicht verstehen kann. Die verschiedenen Wahrnehmungstypen, die es gibt, möchte ich Ihnen sehr kurz zusammengefasst darstellen. Die beschriebene Kurzfassung allein reicht aus, um zu erkennen, zu welchem Wahrnehmungstyp Sie selbst gehören sowie die Unterscheidung zu den anderen zu erkennen.

Der „visuelle Wahrnehmungstyp" lebt von und in einem enormen Reichtum an inneren und äußeren Bildern, hat einen ausgesprochenen Sinn und Liebe für Farben und Formen, Design, Gestaltung. Sie erkennen ihn an der ausdrucksstarken Mimik, schnellen Sprechweise und Bewegung. Seine lebhaften Augen, die oft nach oben schauen (sucht nach inneren Bildern) sowie eine bildliche Sprache sind eindeutige Zugangshinweise zum visuellen Typ.

> BILDER, GERÜCHE, KLÄNGE, MIMIKEN, GESTEN, BERÜHRUNGEN UND GESCHMACKSEMPFINDEN SIND DURCH ERFAHRUNGEN MITEINANDER VERKNÜPFT. ENTSPRECHEND WERDEN SIE INTERPRETIERT UND SELTEN HINTERFRAGT, WEDER BEIM SENDER NOCH BEIM EMPFÄNGER.

Er ist extravertiert und achtet auf die Außenwirkung dessen, was er sagt und tut! Visuell ausgerichtete Menschen sagen „Ich sehe die Wirklichkeit!". Worte im Sprachschatz, die meistens verwendet werden, sind zum Beispiel „sehen, schauen, bildlich, sichtbar, überschaubar, Klarheit gewinnen, betrachten, nachsichtig sein, vorausschauend sein, Weltbild, unscharf, düster, grell, brillant, undeutlich etc." Redewendungen sind zum Beispiel „ Ausstrahlung haben, Einblicke gewähren, von meinem Blickwinkel aus gesehen, klare Argumentation aufbauen, deutlich vor Augen haben, ich tappe im Dunkeln, aus den Augen aus dem Sinn, einen Sachverhalt beleuchten, jetzt kann ich mir ein Bild machen etc." Klar zu sehen!

Der „auditive Wahrnehmungstyp" lebt in einer intellektuellen Welt. Sie denken gerne und viel nach bzw. vor, lieben Gespräche mit interessanten Gesprächspartnern, haben Spaß daran, mit Worten und Zahlen umzugehen und sind meist introvertiert. Der Blickkontakt spielt bei ihnen keine so große Rolle, auch nicht die Körpersprache. Sie hören lieber zu und achten auf wirklich jedes Wort. Um mit diesen Zeitgenossen gut klarzukommen, ist es hilfreich, intelligente Fragen zu stellen und die Worte mit Bedacht zu wählen. Die Augen bewegen sich meistens – bildlich gesprochen – zwischen den Ohren hin und her, wenn sie überlegen und sprechen. Eine Sprache, die klingt, sind eindeutige Zugangshinweise für diesen Typ. Auditiv ausgerichtete Menschen sagen „Ich höre die Wirklichkeit!" Auditive Worte sind „ sprechen, sagen, laut, leise erklingen lassen, unüberhörbar, schnappend, schnaubend, Ruhe, Krach, dunkle Stimme, Klatsch und Tratsch, harmonisch etc." Redewendungen, die Sie häufiger hören als beim visuellen Typen sind zum Beispiel „Das hört sich gut an, der Ton macht die Musik, das ist ein Leisetreter, er ist nicht auf den Mund gefallen, auf die innere Stimme hören, viel Lärm um nichts, das schreit nach einer neuen Lösung, das Gras wachsen hören, taub auf den Ohren sein, das hallt in mir nach, der gute Ton, wir haben einige Unstimmigkeiten etc." Klingt ansprechend!

Der „Kinästhet" wiederum orientiert sich an den Gefühlen. Er ist haptisch orientiert. Erkennbar an lebhaften Gesten, einem kräftigen Händedruck und einer intensiven Körpersprache. Er braucht ständig Bewegung und Aktion und verfügt über eine große körperliche Ausstrahlung (Raum dominierend). Er möchte sein inneres Erleben so authentisch wie möglich ausdrücken. Um ihn zu überzeugen, sollten Sie ihm leibhaftige Erfahrungen vermitteln, den Körperkontakt suchen und vor allem auf die Atmosphäre der Kommunikation achten. Primär erkennen Sie ihn daran, dass die Augen sich nach unten bewegen, wenn er denkt und spricht. Kinästheten sagen „Ich fühle die Wirklichkeit!" Häufiger als alle anderen verwenden sie folgende Worte und Redewendungen „empfinden, weich, rau, hart, sanft, begreifen, erfassen, belasten, bedrücken, bewegt sein, betroffen, kaltschnäuzig, beschwingt fühlen, mir läuft ein Schauer über den Rücken, einen Klos im Hals haben, mir zittern die Knie, da lacht das Herz, da dreht sich mir der Magen um, starr vor Angst sein, auf glühenden Kohlen sitzen, rutsch mir den Buckel runter, das geht mir unter die Haut etc." Fühlt sich richtig an!

Trotz aller Typisierung und Präferenzen erleben wir die Wirklichkeit auf allen 5 Frequenzen, doch die meisten Menschen sind Mischtypen mit einer Vorliebe für die ein oder andere Richtung! Wenn Sie genau einem Menschen beobachten und zuhören, können Sie anhand der jeweiligen Sprach- und Bewegungsmustern als Zugangshinweise die Schwerpunkte herausfiltern und wissen, wen Sie vor sich haben. Und sich entsprechend darauf einstellen. Bei der Beurteilung von Kommunikation mit Menschen, ist dieses Wissen und der entsprechende Einsatz von großem Nutzen.

Wahrnehmungsfilter sind neben unseren Sinnen auch unsere Emotionen. Wir ordnen und bewerten Begriffe und besetzen sie mit Emotionen, je nach Erfahrungen. Wir lernen Gesetze und Regeln kennen, die unsere Entdeckungen in gut oder schlecht unterteilen, d.h. sie werden emotional bewertet. So lange wir Menschen anschauen, ihre Stimmen hören können, werden Emotionen

> TROTZ ALLER TYPISIERUNG UND PRÄFERENZEN ERLEBEN WIR DIE WIRKLICHKEIT AUF ALLEN 5 FREQUENZEN, DOCH DIE MEISTEN MENSCHEN SIND MISCHTYPEN MIT EINER VORLIEBE FÜR DIE EIN ODER ANDERE RICHTUNG!

> „ALL UNSER WISSEN GRÜNDET SICH AUF WAHRNEHMUNG!" SAGTE SELBST LEONARDO DA VINCI.

ausgelöst auf Basis unseres gelernten Erfahrungsschatzes und der erinnerten Emotionen. Wir beurteilen und bewerten andere Menschen und Situationen permanent und unbewusst auf einer emotionalen Ebene im Sekundentakt „love it – hate it – love it". Emotionen filtern deshalb unsere Wahrnehmungen. Emotionale Bewertungen von Erlebnissen, die gerade jetzt passieren, werden verglichen mit Erlebnissen aus der Vergangenheit. Je nach dem, ob dieser Abgleich positiv oder negativ verläuft, werden entsprechende Urteile gefällt und lassen uns die Welt in einer bestimmten Art und Weise – angenehm oder unangenehm – sehen. Selektive Wahrnehmung.

„All unser Wissen gründet sich auf Wahrnehmung!" sagte selbst Leonardo da Vinci.

Den meisten Menschen fällt es leichter, Verhalten von Anderen zu identifizieren, zu beurteilen und zu beschreiben. Jeder Mensch trägt eine individuell auf ihn zugeschnittene Brille, um bei dieser Metapher zu bleiben. Bekanntermaßen haben andere Menschen andere Brillen und deshalb fallen Urteile immer unterschiedlich aus. Falsch oder richtig ist nicht die Frage und völlig sinnlos zu diskutieren. Jeder hat Recht. Es ist Ihr eigenes Wertesystem, Ihr individuelles Modell von der Welt, das Ihre Sicht und Ihre persönlichen Reaktionen auf Menschen steuert. So geht es jedem!

Glaubenssätze zum Beispiel sind sehr strenge Wahrnehmungsfilter. Sie entscheiden über unsere Einstellung und unsere Reaktionen! Sie filtern Informationen und lassen uns die Welt entsprechend wahrnehmen. Bekanntermaßen orientiert sich der Optimist immer an seinen Chancen! Der Pessimist hat allen Grund pessimistisch zu sein und orientiert sich an den möglichen Problemen. Der Realist orientiert sich an den Fakten. Ist das Glas halb voll oder halb leer oder besteht es aus $0,1\,l\,H_2O$?

Wahrnehmungsfilter erfüllen auch ihre Aufgabe, wenn wir die Aussagen von Personen, denen wir glauben und vertrauen, Ernst nehmen und nicht hinterfragen. Zum Beispiel von Autoritätspersonen. Ob es der Realität entspricht oder nicht. Wir hören, was sie sagen und was wir hören wollen. Um es an einem beliebten Beispiel deutlich zu machen, was die Wirklichkeit ist und was die Wahrheit, hier die Geschichte eines Schülers, die jedem von uns auf die ein oder andere Art bekannt vorkommt. Ein Schüler glaubt, er kann nicht rechnen (was die meisten glauben). Deshalb ist er nicht motiviert und wird wenig Lust verspüren, sich mit der Thematik auseinander zu setzen. Was passiert? Er gerät in einen Übungsrückstand und beginnt Fehler zu machen! Worauf der Lehrer ihm sagen wird: „Du kannst nicht rechnen!" Was wiederum den Schüler in seinem Glauben bestätigt, weil es ja der Lehrer gesagt hat! Und der muss es ja wissen. Und so beginnt der Teufelskreis, aus dem man nicht mehr heraus zu kommen glaubt und es auch in der Regel nicht schafft.

Es gibt keine Möglichkeit, sich Wahrnehmungsfiltern zu entziehen! Jedoch kennen wir die Wahrheit des ersten Moments, der ersten Sekunde in einer Begegnung! Eine Sufi-Meisterin sagte einmal: „Der erste Gedanke kommt von Gott." Das heißt, bei jeder Erfahrung oder Begegnung mit jemand anderem gibt es einen kurzen Moment, und zwar bevor (!) sich der urteilende Verstand einschaltet und eine emotionale Reaktion einsetzt. Dieser winzige – erste – Moment drückt die Wahrheit in uns aus. Unsere innere Realität – frei von Vorurteilen und Einflüssen. Es ist weit mehr als unser Instinkt, Intuition oder unser „Bauchgefühl". Es ist eher ein unsichtbarer Seismograph, mit dem wir erkennen können, was echt und authentisch ist und was nicht. In diesen Momenten wissen wir, wann eine Entscheidung richtig ist oder nicht oder ob ein Mensch die Wahrheit sagt. Wir brauchen nicht darüber nachdenken. Wir wissen es.

Es gibt keine Möglichkeit, sich Wahrnehmungsfiltern zu entziehen!

Fokus – Emotion – Physiologie/Sprache!

Wie wir stehen, sitzen, gehen, verrät eine Menge über uns! Und alles, was uns begegnet, sehen und hören, erschafft Körperreaktionen und setzt Signale.

Jedes Wort, jeder Gedanke wird in bestimmte Emotionen übersetzt und diese in Körpersprache und Sprache/Stimmlage ausgeführt! Jede Einstellung/Fokus zeigt sich verbal und nonverbal! Immer! Egal, was Sie sagen, Ihr Körper lügt nie!

Dieses Wissen über die Körpersprache und was sie aussagt, haben wir alle in uns gespeichert. Sie dürfen sich bei der Interpretation auf Ihre Intuition und Ihren Instinkt verlassen! Auch die Motivation und Nicht-Motivation drückt sich im Körper aus! Gibt es 2 Impulse, kommt immer beides zur Sprache – nonverbal.

Wie wir stehen, sitzen, gehen, verrät eine Menge über uns! Und alles, was uns begegnet, sehen und hören, erschafft Körperreaktionen und setzt Signale.

Die Physiologie beschreibt den körperlichen Ausdruck des Menschen und entspricht dem inneren Zustand! Es ist die Übersetzung unserer Gedanken, unseres Fokus und unserer Emotionen, der bewussten und unbewussten. Niemand kann sich dem entziehen. Sie unterliegt einem ständigen Wandel und kann vier Grundformen annehmen:

1. Ressource-Physiologie: Der Mensch ist in Kontakt mit seinen Fähigkeiten, Mut, seinen Wünschen und seinen Hoffnungen. Er steht aufrecht, der Körper steht unter Spannung, Kinn hoch und Blick geradeaus und schaut freundlich auf die Welt.
2. Problem-Physiologie: Der Mensch ist in Kontakt mit seinen Problemen, seinen Ängsten und Sorgen. Keine oder nur geringe Körperspannung, Schulter und Arme hängend und der eingefallene Brust, flacher Atem, Kopf und Blick nach unten, sorgenvoller oder trauriger Gesichtsausdruck.
3. Misch-Physiologie: Der Mensch spürt widersprüchliche Impulse, kann sich nicht entscheiden und ist inkongruent. Kombination aus hängende Schultern mit anstrengenden Armbewegungen und ein Lächeln mit traurigen Augen.
4. Trance-Physiologie: Der Mensch richtet seine Aufmerksamkeit nach innen und verarbeitet Informationen. Zu erkennen

am Blick, der scheinbar ins Leere geht. Er ist nicht präsent im Augenblick.

Wie Sie sehen, ist Physiologie oder Körpersprache immer auch Kommunikation mit der Umwelt! Sie wird immer verstanden, auch ohne Worte und Erklärungen. Mimik, Gestik und Posture sind gelernt, werden überall gleich verstanden und müssen nicht antrainiert werden, obwohl Unterschiede in der Weltanschauung und Kultur sichtbar sind. Körpersprache bewirkt Motivation oder De-Motivation, schon allein durch eine kleine Handbewegung nach oben oder unten.

> Wie Sie sehen, ist Physiologie oder Körpersprache immer auch Kommunikation mit der Umwelt! Sie wird immer verstanden, auch ohne Worte und Erklärungen.

Jede Entscheidung, die ich treffe, wird in Körpersprache ausgedrückt und soll bzw. will wirken. Körpersprache ist immer auf Wirkung aus. Denn jede Wirkung verursacht Veränderung. Wenn die Reaktion erfolgt, sind wir zufrieden. Wenn nicht, wird der Ausdruck verstärkt. Non-verbal oder verbal. Jede Nicht-Reaktion des Gegenübers erzwingt die Verstärkung bzw. Intensivierung der Kommunikation, verbal und/oder nonverbal bis das Ziel erreicht ist.

Eine offene Körpersprache in unserer westlichen Welt wird positiv gewertet. Sie zeigt sich durch offene, weiche Bewegungen, gibt sich ungeschützt, zeigt keine Angst, ist zugewandt, lächelt, Hände geöffnet und nach oben gewendet, Arme ausgebreitet, Öffnung des Brustkorbs, Pupillen weiten sich, offener, weicher Blick; Zeichen des Wohlbefindens werden abgegeben! Eine offene Körpersprache sucht Kontakt und unterstreicht in der Bewegung das Gesagte!

Eine geschlossene Körpersprache wird negativ bewertet. Sie äußert sich in Zusammenziehen. Die Haut zieht sich zusammen und damit auch die Muskulatur, der Körper verhärtet sich, ist und wirkt angespannt, ist gezeichnet durch wenig Bewegung, Erstarrung, keine Handlung, keine Aktion! Rückzug, Unbeweglichkeit, Habacht-Stellung, sind die Signale dafür, dass der Körper sich schützt. Die Brust zieht sich zurück, die Arme werden angewinkelt, Hände zum Körper gewendet, der Kopf wird eingezogen (Nacken wird geschützt), der Blick ist fokussiert/ konzentriert, die Augenbrauen ziehen sich zusammen!

Wenn jemand unangenehme Gefühle verbergen will oder lügt, äußert sich dies immer im Vermeiden von Kontakt, vor allem Augenkontakt! Der Blick weicht aus. Der Körper kann nicht anders als so reagieren, denn der Körper lügt nie und kann nichts verheimlichen! Sie müssen allerdings hinschauen wollen, um das zu sehen, und das genauer.

Körpersprache ist in der Darstellung als auch in der Interpretation/ Wahrnehmung immer subjektiv und damit auslegbar – vom Betrachter und vom Ausführenden!

Körpersprache bzw. Physiologie zeigt also entweder Verlangen (Wünsche) oder Abwehr! Sie ist Ausdruck eines emotionalen Zustandes (traurig, fröhlich etc.), heißt nicht immer Aufforderung zur Kommunikation und provoziert trotzdem eine Reaktion – zu reagieren oder nicht zu reagieren!

Körpersprache ist in der Darstellung als auch in der Interpretation/Wahrnehmung immer subjektiv und damit auslegbar – vom Betrachter und vom Ausführenden! Das schafft Verständnis oder Mißverständnisse.

Es gibt fünf Grundeinstellungen in der Körpersprache, wie wir uns ausdrücken können. Die körperlichen Ausdrucksformen stammen aus unserem Stammhirn oder „Reptiliengehirn", wie ich es nenne, das so alt ist wie die Menschheit selbst. Sie drücken sich wie folgt aus:

1. Attacke (fight): heißt fester Bodenkontakt mit den Füßen, angriffsbereite Stellung, d. h. Körper leicht vorbeugend, Stirn zeigend, aufgerichtet, zielgerichteter, gerader Blick nach vorn.
2. Flucht (flight): heißt keine feste Bodenhaftung bzw. Stand, sprungbereite Körperhaltung für die Flucht, konzentrierter Blick.
3. Verstecken (freeze): Körper verkrampft und verschließt sich, regelrechte Erstarrung, eine Art Totstellreflex wie bei den Tieren, abgewendete Körperhaltung mit den Schultern und den Beinen, verschlossene Arme, Blickkontakt wird vermieden.

Zwei weitere, die ebenfalls dazugehören sind:
4. Hilfe suchen: Hilfe suchend zu sein bedeutet, angewiesen zu sein auf die Kooperation der anderen. In Körpersprache übersetzt heißt dies: Blick geht seitlich und suchend hin und her, um festzustellen: „Kann mir jemand helfen?", Schulter und Arme gehen meistens schutz- und Hilfe suchend nach oben.
5. Unterwerfung: Unterwerfung bedeutet, bescheiden unter der Macht der anderen zu bleiben. In Körpersprache ausgedrückt heißt dies: gebeugter Gang, keine Konfrontation mit den Augen, Atmung flach, Brust fällt zusammen, Arme hängen passiv herab. Man will nicht wahrgenommen, nicht gesehen werden.

Damit zusammen hängen drei *archaische* Körpersignale und Verhaltensmuster, die wir an den Tag legen: Imponiergehabe, Territorialverhalten und Werbungsgesten, sowie soziale Signale, die wir gelernt haben in unserem jeweiligen Kultursystem einzusetzen! Andere Kulturen haben andere Körpersignale und einen anderen Körperausdruck!

Imponiergehabe ist die sprichwörtliche Demonstration von Überlegenheit. Sie wird gezeigt durch Körperstreckung, Stimme heben, Kinn vorstrecken (starker Wille). Auch Konfrontation, also Reaktion auf Gefahr gehört dazu. Aufrecht stehen, Kopf gerade, Augen geradeaus, Augen ziehen sich zusammen, scharfer Blick, provozierender Blick, der Nacken strafft sich, um jede Ablenkung abzuwehren; der Gegner ist immer im Blick, sonst droht Gefahr! Im Alltag zeigt sich dies durch Nacken verspannen und konzentrierten Blick! Reaktion darauf? Durch Initiierung von Bewegung Ihrerseits lösen Sie die Verspannung des anderen auf, da jede Aktion eine Reaktion provoziert. Sie lenken ab, geben Zuwendung oder erklären die Zusammenhänge!

Imponiergehabe und Drohsignale ähneln sich. Jedoch der Blick macht den wesentlichen Unterschied! Der Übergang von Imponiergehabe in Drohung erfolgt durch den sich konzentrierenden

Blick! Der Körper folgt übrigens stets den Augen! An den Augen sehen Sie zuerst, was los ist. Der Blick zeigt die Intensität der Spannung! Fehlt er, besteht auch keine Gefahr! Ist der Blick gespannt, ist auch der Körper in Sprungbereitschaft!
Der Übergang von Imponiergehabe in Werbungsgesten heißt, dass sich die Bauchmuskeln straffen, der Brustkorb geht raus, der Blick wird freundlich. Will heißen: ich bin attraktiv, groß, stark und liebenswürdig!

Territorialverhalten legen wir ständig an den Tag. Überall da, wo viele Menschen sind.
Grundsätzlich haben wir ein ausgeprägtes, intuitives Gefühl für „Oben und unten", für Hierarchien! Sie erzeugt unser bekanntes Revierverhalten! Zu dem äußeren Territorium gehören das Umfeld um uns herum. Dazu gehört auch der Körper – unserer und der anderen. Zu dem inneren Territorium zählen die Gedanken, Träume, Psyche, unser Innenleben. Jedes Territorium wird auf irgend eine Art und Weise „markiert" und geschützt. Durch Titel, Kleidung, Räume, zurückgelassene Gegenstände, Düfte, materielle Besitztümer und geistiges Eigentum, unsere Gedanken, die niemanden etwas angehen sollen. Dann gibt es noch unser soziales Territorium, dass exakt eine Armlänge Abstand bedeutet. So viel Körperabstand brauchen wir in westlichen Kulturen von fremden Menschen. Eine Territorialverletzung ist ein unerlaubtes Eindringen in unser Territorium, d.h. der Körper verkrampft sich, der Blick weicht aus und die Fluchtbewegung wird in Gang gesetzt! Deshalb schauen im Fahrstuhl immer alle nach oben oder auf die Anzeigentafel des Stockwerks. Anders ausgedrückt: körperliche Nähe setzt Vertrauen und vor allem Erlaubnis voraus!

Werbungsgesten sind ebenfalls archaisch. Wir werben um einen Menschen und zeigen uns von der besten Seite. Werbungsgesten sind Flirtgesten und sind immer ein Versprechen. Ein Versprechen von Aktivität, Erlebnis, Handlungsbereitschaft, Zuneigung, Anerkennung! Erlebnis heißt bewegen, deshalb sind Werbungsgesten immer in Bewegung: gespannte und geschmeidige Bewegungen! Fußstellung/Beinstellung sind locker, variabel! Die Augen-Blicke: 45 Grad Blickwinkel von unten nach oben schauend, mit glänzenden Augen! Wiederholte Augen-Blicke zeigen Interesse! Weiterhin bekannte Flirtrituale sind Lächeln, Hals und Nacken frei, ohne konzentrierten Blick.

Dann gibt es noch die sozialen Signale, deren einzelne Faktoren von der jeweiligen Kultur abhängen. Soziale Signale sind zum Beispiel Herrschaftsgebärden, d. h. sie zeigen Dominanz und Status. Status bezeichnet einen Platz in der höheren Hierarchie, ruhige Sicherheit zum Beispiel demonstriert Status und Kompetenz! Jede Aktion zeigt immer Status – hoch oder niedrig. Immer. Das heißt : immer in der Hierarchie von oben nach unten; immer der hierarchisch Mächtigere zuerst: er darf das Gespräch zuerst unterbrechen, er darf die Hand auf die Schulter des anderen legen, den Raum zuerst betreten, den besten Sitzplatz einnehmen. Nicht andersherum.

Selbstbewusste Inanspruchnahme von Service in einem Restaurant oder Hotel sind Signale eines höheren Status. Je lockerer und ruhiger Sie sich bewegen (incl. Kopf), desto mehr demonstrieren Sie Angstfreiheit und damit Status! Die selbstverständliche Inanspruchnahme eines Raumes, einen halben Schritt vorausgehen, aktive Bewegungen, d. h. auf jemanden zugehen, als Erster jemanden begrüßen etc. sind Gesten der Dominanz und Stärke und zeigen Status! Kein Status wird gewertet bei hektische Bewegungen, Füße nach innen zeigend (signalisiert Unsicherheit); die abwertende Handbewegungen implizieren die „Unwichtigkeit" des Gesagten, der eigenen Präsentation und damit der eigenen Person! Sie dokumentieren auch Führungsschwäche.

Zum Schluss dieses Kapitels noch ein Wort zu unserer Stimme, da die Stimme einen sehr wichtigen Aspekt unserer Körpersprache darstellt. Unsere Stimme entsteht durch das komplexe Zusammenspiel von Atmung, Körperhaltung und dem Schwingen der Stimmlippen!

Was beim Zusammenwirken entsteht, verrät mehr über unsere Gefühle und unseren Gemütszustand als wir ahnen.

Was beim Zusammenwirken entsteht, verrät mehr über unsere Gefühle und unseren Gemütszustand als wir ahnen. Je stärker die Stimmlippen gespannt sind, sei es durch Aufregung, Wut oder Angst, desto höher und gepresster klingen wir. Die Stimme zittert, weil z. B. die Luft anders eingeteilt wird und die Atmung ungleichmäßiger ist. Wer seinen Aussagen Nachdruck verleihen will, lässt seine Stimme fester klingen, übt Druck auf die Stimmlippen aus. Ideal ist es, in der angeborenen Tonhöhe zu sprechen. Das Wichtigste: Gehört wird, wer an das glaubt, was er sagt – in der ihm eigenen Stimmlage!

Da die Welt nicht nur schwarz oder weiß denkt und handelt, sind sämtliche Grautöne auf der Skala der Körpersprache vorstellbar. Wichtig ist die Wahrnehmung des Gegenübers, der Emotionen und wie diese in Körpersprache und Sprache übersetzt werden! Hier beginnt das eigentliche Verständnis, da es sich um Instrumente handelt, die wir Menschen tatsächlich alle gleich benutzen. Unbewusst eben, denn der Körper lügt bekanntermaßen nie!

Die Schlüssel erfolgreicher Motivation!

Vom Mit-Arbeiter zum Mit-Unternehmer!

Vom Mit-Arbeiter zum Mit-Unternehmer!
Verhalten verändern!

„Excellence is coming from having many choices!
Wisdom is coming from having many perspectives!"

ANONYM

Wie Sie die innere Motivation von Mitarbeitern entfachen können oder wollen, ist natürlich Ansichtssache. Es gibt viele Modelle! Wenn Sie verstanden haben, was Mitarbeiter oder Manager wollen oder brauchen, ist grundsätzlich fast alles denkbar oder möglich. Es gibt Manager, die ihre Mitarbeiter auf Seminare schicken und sie über glühende Kohlen laufen lassen, um fehlendes Selbstvertrauen und Motivation im Job wieder her zu stellen oder sie auf diese Art und Weise zu mehr Leistung zu motivieren. Es gibt andere Manager, die denken, nur Zuckerbrot und Peitsche hilft, da sie wahrscheinlich davon ausgehen, dass Menschen per se arbeitsunwillig oder -unfähig sind und nicht per se motivationsbereit. Und es gibt Manager, die erkennen die Leistungsbereitschaft an, aber glauben, dass permanente Kontrolle und Effizienzabgleich die einzig wirksamen Führungsinstrumente darstellen.

Keine der genannten Möglichkeiten der „Motivationssteigerung" werden Sie hier in diesem Buch finden! Die oben genannten Strategien funktionieren nur kurzfristig oder eben gar nicht! Das weiß ich aus eigener Erfahrung und aus unzähligen Gesprächen mit Mitarbeitern und Managern: „been there, done that, don't need it anymore"!

Die folgenden Kapitel zeigen Ihnen bereits bewährte Praxistools. Am Ende des Tages wollen Menschen in einer vertrauensvollen und sicheren Atmosphäre und Arbeits-Beziehungen arbeiten, mit Respekt behandelt und geschätzt werden für den Beitrag, den sie leisten. Dafür brauchen sie die Freiheit und Anerkennung, das zu tun, was sie glauben, was richtig ist und der zu sein, der sie sind.

Drei Stützpfeiler kennzeichnen die Arbeit nicht nur im Management Coaching und Training. Auch die gute Zusammenarbeit zwischen Mitarbeitern und Führungskräften ist bestimmt von:

- Empathie zeigen: Empathie ist der aufrichtige Versuch, die Welt des Gegenübers zu verstehen – durch Einfühlungsvermögen. Es geht nicht darum, sachliche Probleme im Detail zu verstehen, sondern darum, Menschen in ihren Beweggründen zu verstehen.
- Wertschätzung geben: heißt davon auszugehen, das das Verhalten eines Mitarbeiters die bestmögliche Weise zu agieren oder zu reagieren ist. Jeder handelt zunächst in bester und positiver Absicht. Wertschätzung heißt, jemanden genau dafür zu akzeptieren, was er leistet und so zu akzeptieren, wie er ist.
- Authentizität/Echtheit: heißt ehrliche und respektvolle Kommunikation, Aktion und Reaktion gegenüber dem anderen. Vortäuschen von Freundlichkeiten werden intuitiv registriert.

Die zentralen Elemente erfolgreicher Führung sind von den beiden NLP-Therapeuten Bandler und Grinder als Verhaltensgrundmuster beim „Modellieren" erfolgreicher Persönlichkeiten klar erkannt worden. Sie sind Wegweiser im Umgang mit Menschen, denn sie respektieren in erster Linie den Menschen, der Ihnen genau in diesem Augenblick gegenüber steht. Diese Voraussetzungen in die Realität umgesetzt, schaffen es, die Führungsaufgabe zu erleichtern, denn sie konzentrieren sich auf das Verhalten und die Kommunikation zwischen Menschen. Die wichtigsten Vorannahmen sind:

- Die Landkarte ist nicht das Gebiet, d.h. jeder Mensch hat ein eigenes Modell davon wie die Welt funktioniert!
- Menschen treffen innerhalb ihres Modells von der Welt grundsätzlich die beste ihnen mögliche Wahl!
- Jedes Verhalten ist durch eine positive Absicht motiviert!
- Menschen haben alle Ressourcen in sich, um jede gewünschte Veränderung an sich vorzunehmen!
- Der positive Wert eines Individuums bleibt konstant, aber die Angemessenheit von Verhalten kann bezweifelt werden!

- Es gibt in der Kommunikation keine Fehler oder Defizite. Alles ist Feedback! Dadurch wird die verletzungsfreie Annahme von Kritik ermöglicht. Einseitige Schuldzuweisungen sind auch nach Paul Watzlawick grundsätzlich falsch.
- Die Bedeutung der Kommunikation liegt in der Reaktion, die man erhält!
- Wenn etwas nicht funktioniert, probier etwas anderes aus. Die Bereitschaft, Lösungsalternativen zu suchen.
- Der Sinn jeder Kommunikation ist nicht die Absicht, sondern die Reaktion, die sie beim gegenüber auslöst!
- Wenn jemand etwas Bestimmtes tun kann, so ist es möglich, dieses Verhalten zu modellieren (nachzumachen) und es weiterzugeben!

Wenn diese Vorannahmen neu für Sie sind, werden Sie wahrscheinlich die Perspektive, mit der Sie bisher Menschen und Situationen betrachteten und beurteilten, wechseln müssen.
Das ist der Beginn von „Change Management".

Vom Mit-Arbeiter zum Mit-Unternehmer!

Make Me Feel Important!
Akzeptanz, Wertschätzung, Recognition!

„Everyone has an invisible sign hanging from their neck saying, ‚Make me feel important.' Never forget this message when working with people."

MARY KAY ASH

Jeder Mensch – ob jung oder alt – will sich wichtig fühlen, bedeutsam und ist es auch.
Jeder möchte für die Person, die er ist, und das was er leistet, anerkannt sein und werden – von seinem direkten Umfeld privat und im Beruf. Meistens von den Menschen, die einem etwas bedeuten. „Make me feel important!" Das unsichtbare Schild um den Hals, das jeder, wirklich jeder, umhängen hat. Einige brauchen davon mehr, andere weniger! Fehlt jedoch diese Anerkennung und Bestätigung, verliert er auf Dauer sein Selbstvertrauen, sein Engagement und die gute Laune. Dieser Mann oder Frau wird alles Mögliche tun, damit er die ersehnte Anerkennung bekommt. Wird sie ihm langfristig verweigert – aus Unachtsamkeit, aus Launenhaftigkeit, aus Bosheit, um zu strafen oder herabzusetzen – geht so jemand in die innere Resignation, in die innere Kündigung, wird vielleicht sogar das Unternehmen verlassen, zum Konkurrenten wechseln und das Gegenteil beweisen wollen – mindestens sich selbst gegenüber. Wie Dean Martin kommentierte, als er nach der Trennung von Jerry Lewis zum Senkrechtstarter wurde: „Guess, I showed Jerry!"

Recognition in einem Unternehmen, das heißt die Anerkennung und Wertschätzung von Leistung, hat viele Gesichter! Egal welcher Kreis oder in welcher Gesellschaft sich jemand bewegt, ob vermögend oder nicht: Menschen sind stolz auf das, was sie tun und tun können. So definieren wir uns Existenz – materiell und immateriell. Und es ist egal, ob Sie selbst als Beobachter es auch so umwerfend finden oder nicht. Eine negative Wertung ist für den Betroffenen nicht verständlich oder nachvollziehbar, der für seinen eigenen Maßstab etwas Großartiges geleistet und sein Bestes gegeben hat. Das ist jedenfalls die persönliche Wahrnehmung, so wie sich jeder selbst sieht. Und noch wichtiger ist es für jeden, dies auch von anderen zu hören und bestätigt zu bekommen. Dieser Wunsch schließt die Fähigkeit zur Selbst-Motivation nicht generell aus. Beides zählt. Es gibt kein Schwarz oder Weiß, wenn es um Bedürfnisse, Wünsche, Denken, Verhalten, Respektsbezeugungen und Anerkennung bei Menschen geht. Alles ist erlaubt. Es gilt das „sowohl als auch". Wir wollen alles, wenn alles möglich ist!

WIR WOLLEN ALLES, WENN ALLES MÖGLICH IST!

Mary Kay wusste um dieses Geheimnis. Sie lebte „Make me feel important" bis ins kleinste Detail. Ob Manager und Mitarbeiter für Sie durchs Feuer gehen würden, hängt nicht ausschließlich von der erbrachten Leistung ab und dem Know How oder der Intelligenz, sondern davon, ob Sie als Führungskraft in der Lage sind, entsprechend wertschätzend auf allen Ebenen (materiell, immateriell, verbal, non-verbal) zu kommunizieren. Menschen tun das, was von ihnen erwartet wird. Und wenn Sie wollen, dass ihre Mitarbeiter sich wesentlich stärker und stärker persönlich einbringen sollen oder sogar durch schwierige Veränderungsprozesse mit Ihnen gehen sollen, dann müssen Sie ihnen mehr Verantwortung geben und das Gefühl, wirklich wichtig für das Unternehmen zu sein. „Make them feel important"! – und sie werden ihr Bestes geben.

Die wichtigste Managementfähigkeit ist die, mit Menschen so umgehen zu können, das gemeinsame Ziele für das Unternehmen erreicht werden. Ob Sie mit Kunden sprechen, mit Lieferanten, ob Sie andere in Ihrer Organisation managen und führen. Menschen das Gefühl zu geben, dass sie wichtig sind, ist die Nummer 1 Qualifikation, die jede Führungskraft besitzen muss. Und wenn er es nicht besitzt oder nicht weiß, wie man sich entsprechend verhält, dann muss es trainiert werden. Denn die Menschen sind es wert, jeder ist wichtig.

Wenn das Selbstvertrauen jedes Einzelnen sinkt, die Zweifel an dem Unternehmen und seiner Führungsspitze steigen durch Fehlverhalten des Managements, dann sinkt nicht nur das Energielevel aller. Es sinkt auch die Effektivität jedes Einzelnen, da sie sich mit Rechtfertigungs- und Verteidigungsstrategien beschäftigen müssen, statt sich mit neuen Strategien und Konzepten auseinanderzusetzen.

> "Make them feel important" ist die Goldene Regel, die für Mitarbeiter und Führungskräfte gleichermassen gilt. Auf diesen einfachen Nenner gebracht und umgesetzt lassen sich Wunder vollbringen.

"Make them feel important" ist die Goldene Regel, die für Mitarbeiter und Führungskräfte gleichermaßen gilt. Auf diesen einfachen Nenner gebracht und umgesetzt lassen sich Wunder vollbringen. Der Motivationspegel steigt in einem Maße, der wirklich erstaunt. Das Betriebsklima und die Kommunikation miteinander – im Team, cross-functional, cross-country – wird einfacher, weil die zwischenmenschlichen Beziehungen positiv sind und leicht werden. Die Kommunikation wird effizienter, weil Sie direkter, weil Sie schneller auf dem Punkt kommt.

"Make them feel important!" Wie geht das? Eine Managementfähigkeit, die gelernt sein will und die als Beurteilungskriterium von Führungskräften Einzug halten sollte. Beginnen wir damit, dass Sie Ihre Mitarbeiter und Manager zuerst einmal kennen lernen, lernen was sie wirklich ausmacht und was sie sich wünschen!

1. "Make me feel important"-Erfolgsliste!

Eine Erfolgsliste erstellen zu lassen kommuniziert jedem, dass Sie auf die Stärken und Ressourcen Ihrer Mitarbeiter setzen und ihnen helfen, diese zu nutzen, weiter zu entwickeln und auszubauen. Und dass Sie an sie glauben! Jeder Mensch ist einzigartig! Konzentrieren Sie sich deshalb auf die einzigartigen Stärken und Talente Ihrer Mitarbeiter und Manager und nicht auf deren Schwächen. Erlauben Sie, dass sich Ihre Mitarbeiter und Manager auf ihre Stärken konzentrieren und nicht auf ihre Schwächen. Es gilt Stärken zu stärken und Ressourcen zu erkennen oder neu aufzubauen.

Es gibt eine Übung im Management Coaching, die sensationelle Ergebnisse bei jedem hervorruft, da sie Klarheit über die eigenen Stärken gibt. Es handelt sich um die allseits bekannte Erfolgsliste. Also der Liste, auf die wir in Seminaren gerne unsere Erfolgserlebnisse aufschreiben, die einem in den Sinn kommen. So eine Liste ist gut, macht sie doch manchem zum ersten Mal bewusst, was er/sie alles kann und welche Erfolge er/sie bereits erzielt hat. Das motiviert. Sein Leben und seine Fähigkeiten in großen Buchstaben auf dem Flipchart oder der Leinwand einmal darzustellen und zu sehen, ist ein sehr beeindruckende und motivierende Arbeit! Dieses Bild prägt sich bei jedem ein.

Trotzdem fehlt dann noch was, wie ich festgestellt habe. Das Wissen um die Stärken allein reicht nicht aus, um sie in der Zukunft zu wiederholbaren Erfolgserlebnissen umzusetzen. Sie verblassen nach einer gewissen Zeit oder wir vermuten, dass Zufälle oder Glück eine Rolle gespielt haben. Deshalb müssen wir nachforschen und wissen, wie die Erfolgserlebnisse tatsächlich erreicht wurden, um sie wiederholbar zu machen. Denn exakt zu wissen, wie die Erfolge und Fähigkeiten erzielt wurden, darüber machen sich die wenigsten Menschen Gedanken.

Die Erfolgsliste, die ich benutze, tut genau das. Sie hat einen besonderen Dreh, der die Personen dazu veranlasst, darüber nachzudenken, wie die einzelnen Erfolge überhaupt zustande gekommen sind. Bitten Sie Ihre Mitarbeiter und Manager in einem Meeting, eine solche Liste zu erstellen – auf die dann in dem gleichen Meeting wieder eingegangen wird! Lassen Sie Ihre Mitarbeiter und Manager ein Blatt nehmen und längs in zwei Bereiche teilen. Links sollen sie untereinander die fünf wichtigsten Vorkommnisse aus der Vergangenheit aufschreiben, in denen sie nachweislich Erfolg hatten bzw. die sie als Erfolgserlebnisse bewerten. Also nicht die Glückstreffer oder Zufälle, die einem manchmal das Leben in die Hand spielt, sondern die Ereignisse, auf die Sie selbst stolz sind, weil sie den eigenen Leistungen entsprungen sind. Diese Beispiele sollten möglichst aus allen Lebenssituationen kommen und egal aus welcher Altersstufe sein. Erfolgsbeispiele können aus der Schule kommen, der Universität, im Sport, Ausbildungen, Reisen, im Job, zuhause, tägliche Situationen und wenn sie noch so unscheinbar scheinen, mit Freunden, mit Fremden, mit Kollegen, mit Partnern, in allen

Erfolgsliste Was genau …?	Wie wurde der Erfolg ermöglicht? Was war mein ganz spezieller Beitrag?
1.	
2.	
3.	
4.	
5.	

möglichen und unmöglichen Situationen. Jetzt haben Sie eine Liste mit den Kurzbeschreibungen, Stichwörter reichen meistens.

Im zweiten Schritt bitten Sie sie, rechts daneben in der neuen Spalte jeweils zu dem Erlebnis aufzuschreiben, was Sie selbst dazu beigetragen haben, daraus ein Erfolg werden zu lassen. Nicht jemand anders, sondern Sie selbst. Die Frage, die Sie stellen, heißt: was war der persönliche Beitrag, der dem Ganzen zum Erfolg verholfen hat. Lassen Sie Ihre Leute ein wenig nachdenken – und für jeden Punkt separat aufschreiben. Geben Sie ihnen genug Zeit. Sie sollen sich wirklich Gedanken machen.

Und jetzt, nachdem alle fertig geschrieben haben, bitten Sie Ihre Mitarbeiter sich diese Liste mit den Strategien und Kommentaren genauestens anzuschauen! Und in Ruhe! Geben Sie ihnen ca. 10 Minuten Zeit dazu. Und dann bitten Sie um einige Erkenntnisse und Beispiele, wer mag! Die meisten mögen und für 99% aller Beteiligten folgt Überraschung und der Erkenntnis! Eine Erkenntnis, die das eigene Selbstvertrauen und Selbstsicherheit nach oben katapultiert. Das zu sehen und zu erleben, macht wirklich Freude. Ihren Mitarbeitern und Managern genau so wie für Sie selbst.

Sie bzw. die Beteiligten werden eins feststellen: die genannten Strategien, die eine Person angewendet hat in den vielen Jahren, ähnen sich fast immer. Das heißt, im Laufe des Lebens hat jeder eine Liste von ganz individuellen Erfolgsrezepten entwickelt, die sie immer wieder einsetzen. Unbewusst. Es ist wie ein Schlüssel für eine Schatztruhe, dessen Geheimniss plötzlich an die Öffentlichkeit kommt. Dort liegen die Stärken und Ressourcen Ihrer Mitarbeiter und Manager. Neue Wege können gegangen werden, wenn diese „Erfolgsmuster" wiederholt werden. Sie können adaptiert werden auf verschiedene neue Situationen und es funktioniert immer wieder. Das sind die wesentlichen Stärken, die Sie Ihren Mitarbeitern bewusst machen und für die Steigerung der Performance einsetzen sollten. Das sind auch die Stärken und Ressourcen, die Sie bei Ihren Mitarbeitern und Managern ausbauen können!

> DAS HEISST, IM LAUFE DES LEBENS HAT JEDER EINE LISTE VON GANZ INDIVIDUELLEN ERFOLGSREZEPTEN ENTWICKELT, DIE SIE IMMER WIEDER EINSETZEN. UNBEWUSST.

2. „Something I love to do ...!"

Eine andere Aufstellung und detaillierte Analyse begründet sich auf den 6 emotionalen Grundbedürfnissen, die aufgezählt und beschrieben wurden. Die Frage ist: wo liegen die Schwerpunkte der Grundbedürfnisse bei Ihren Mitarbeitern und Managern, damit Sie und sie entsprechend agieren können? Sie können ihnen diese 6 Grundbedürfnisse erklären und bitten, sich einmal darüber Gedanken zu machen. Es gilt wiederum, sich einzelne sehr wichtige Ereignisse im Leben oder Dinge, die wir tun in Erinnerung zu rufen und getrennt zu bewerten. Die Bewertung und Einschätzung erfolgt danach, welche Grundbedürfnisse (einzeln oder mehrere oder alle) durch die jeweilige Aktivität bedient wurden bzw. werden – jedes Ereignis sollte nur für sich selbst und analog der beigefügten Tabelle ausgefüllt werden!

Welche Aktivität … erfüllt mein Bedürfnis nach:	Bewertungsskala 0 = nicht so wichtig 10 = sehr wichtig	Weshalb? (Begründung)
Certainty/Comfort ▪ ja ▪ nein		
Uncertainty/Variety ▪ ja ▪ nein		
Significance ▪ ja ▪ nein		
Connection/Love ▪ ja ▪ nein		
Growth ▪ ja ▪ nein		
Contribution ▪ ja ▪ nein		

Möglicherweise werden viele in Ihrem Team sehr ähnliche Präferenzen haben. Die Chemie muss halt stimmen! In jedem Fall werden Sie Hinweise bekommen, wie jeder individuell angesprochen werden möchte.

Es ist interessant, welche Ereignisse jeder aufschreibt und welche Bedeutung die Beispiele und Grundbedürfnisse haben für die jeweilige Person. Möglicherweise werden viele in Ihrem Team sehr ähnliche Präferenzen haben. Die Chemie muss halt stimmen! In jedem Fall werden Sie Hinweise bekommen, wie jeder individuell angesprochen werden möchte. Und worauf Sie Wert legen sollten, um der betreffenden Person die Anerkennung und Wertschätzung zu geben, die den gewünschten Effekt erzielt.

Wenn einer Ihrer Manager zum Beispiel sehr oft Beispiele zu „Significance" benennt – also äußerlich und öffentlich erkennbare materielle Belohnungen benötigt, dann wissen Sie, welche Form der Anerkennung den gewünschten Motivationseffekt bei ihm bewirken werden. Diesem Kandidaten werden Sie mit einer Abenteuerreise in die unberührte Natur und Wildnis wahrscheinlich keine große Freude machen. Es sei denn, Sie fliegen ihn mit einem Privatjet hin, buchen ihn in einem Luxury-Resort ein, das noch als Geheimtipp gilt, und lassen ihn eine exklusive Sportart betreiben. Dann kann er später darüber berichten und er fühlt sich nach seinen eigenen Maßstäben anerkannt und wertgeschätzt.

„Make them feel important!" Dieses Wissen um die 6 Grundbedürfnisse können Sie direkt in konkrete Anerkennungssymbole umsetzen, damit sich Ihre Mitarbeiter und Manager ihren eigenen Maßstäben gemäß verstanden, wertgeschätzt und anerkannt fühlen.

3. Persönliche Anerkennung geben!

Kommunizieren Sie Wertschätzung und Anerkennung von Engagement, Leistungen und bevorzugten Verhaltensweisen direkt, persönlich und so oft es geht. Je häufiger, desto besser. Auch dann, wenn kein konkreter Grund vorliegt. Menschen hören es einfach gerne, wenn jemand sie lobt oder ihnen Komplimente macht!

Drücken Sie Ihre Wertschätzung in einem persönlich geschriebenen Brief aus, wenigstens einmal im Jahr zu Weihnachten. Es sollte Ihnen wert sein, sich die Zeit dafür zu nehmen. Die Wirkung und der Effekt, der wiederum auf Sie zurückstrahlt, ist unbezahlbar.

Sprechen Sie eine persönliche Wertschätzung persönlich und so oft wie möglich aus – im Gespräch am Besten, da ist die Wirkung größer als per E-Mail. Machen Sie es sich zu einer täglichen Gewohnheit, Menschen zu loben. Erst Recht Ihre engsten Mitarbeiter. Heben Sie hervor, welche Fähigkeiten oder Erfolge er oder sie auszeichnet, was Sie besonders schätzen.

> MACHEN SIE ES SICH ZU EINER TÄGLICHEN GEWOHNHEIT, MENSCHEN ZU LOBEN. ERST RECHT IHRE ENGSTEN MITARBEITER.

Eine Anstrengung, die keine negativen Stress-Symptome auslöst, sondern positive. Zeigen Sie, dass Sie vertrauen und Ihre Mitarbeiter und Manager als glaubwürdig erachten. Machen Sie es sich zur Gewohnheit. Wenn Sie jede Woche Montag das berühmte Meeting abhalten, lassen Sie jeden Einzelnen zuerst berichten, was gut lief die Woche davor und fragen nach den Gründen! Geben Sie anschließend und der Rest des Teams für diese kurze Berichterstattung Anerkennung und Applaus! So ist es dann nacheinander an jedem zu berichten und die guten Nachrichten zu präsentieren. Und sich applaudieren zu lassen. Glauben Sie mir, ab sofort werden sich alle auf dieses Montags-Meeting freuen und werden alles tun, damit sie Gutes zu berichten haben, denn der Lohn am Montagmorgen ist es wert! Kann man eine Woche besser beginnen?

Eine weitere Möglichkeit besteht auf Vorträgen, auf internen Konferenzen oder in der Firmenzeitschrift. Aber das ist Ihnen ja alles bekannt. Mir geht es nicht um die Wahl des Mitarbeiters des Monats, sondern um persönliche Wertschätzung durch Sie in der Öffentlichkeit. Denn diese persönliche Note ist es, die zählt, denn Sie selbst sind für die anderen wichtig. Weitere Gelegenheiten sind Lob durch eine E-Mail zu kommunizieren, die an einen großen Verteiler geht. Jedes noch so kleine Detail zählt, wird mit Interesse registriert, sehr wohl wahrgenommen, erinnert und auch als positives Feedback an Sie zurückgegeben. Kleine Erfolge ebnen den Weg für große Erfolge! Sie bekommen alles das zurück, was Sie rein geben! Alles.

Das Nonplusultra der öffentlichen Anerkennung für exzellente Leistungen ist ein „Recognition-Program" zu entwickeln, das ein oder zwei Mal im Jahr auf der Bühne der Jahres- oder Halbjahreskonferenz oder auf einem internationalem Managementmeeting stattfindet. Definieren Sie zuerst die Ziele und Leistungskennziffern, verknüpfen Sie sie mit Zeiträumen, was bis wann erreicht werden kann und verknüpfen Sie sie mit spezifischen „Rewards & Awards"! Kommunizieren Sie diese und dann veranstalten Sie die entsprechenden Konferenzen, wo die „Sieger" in Gegenwart der Kollegen prämiert werden und mit frenetischem Beifall der Geschäftsleitung und der Kollegen belohnt werden.

Nehmen Sie die ganze Konferenz auf Video auf, lassen Sie Fotos machen und stellen Sie allen diese Videos und Fotos zur Verfügung. Alle, die auf de Bühne waren, werden diese emotionalen Momente nie vergessen. Sie werden stolz in der Familie gezeigt und als Erinnerung oder zur Eigenmotivation immer wieder hervorgeholt.

Die Veranstaltung an sich und ein klug entwickeltes „Recognition-Program" sind für alle anderen Ansporn genug, das kommende Jahr ebenfalls auf der Bühne stehen zu wollen.

Erstellen Sie hier spontan eine Liste von „recognition ideas", die Sie bereits in der Vergangenheit erfolgreich umgesetzt haben!

4. „First Class Treatment"!

Weshalb „First Class Treatment"? Deshalb, weil es Ihre Mitarbeiter und Manager verdient haben, weil sie es wert sind!

Weshalb „First Class Treatment"? Deshalb, weil es Ihre Mitarbeiter und Manager verdient haben, weil sie es wert sind! „First Class Treatment" ist wesentlich mehr und eine weitere Option, Ihre Mitarbeitern und Manager das Gefühl zu geben, dass Ihnen etwas an ihnen liegt. Die meisten wollen alles geben und dann sollten Sie Ihnen Ihrerseits auch alles geben, was ihnen gefallen oder sie motivieren würde. Eine Möglichkeit ist zum Beispiel ihnen Zugang zu Veranstaltungen zu verschaffen, die Einzelpersonen entweder nicht möglich ist oder die nicht bezahlbar sind unter normalen Umständen. Ich erinnere mich immer noch an eine Managementkonferenzen im Hotel Sacher in Wien und gekrönt von einer Privatvorstellung der Wiener Sängerknaben im Palais Schwarzenberg mit anschließendem Dinner im Palais. Und das liegt schon lange zurück. Ich erinnere mich an eine Konferenz in Paris mit Übernachtung im George V, Dinner und Party an der Seine, an Kreta, Portugal, zum Formel1 Rennen nach Silverstone, UK, oder an Fahrten mit dem Orientexpress von München zum Jungfraujoch in die Schweiz. Ich erinnere mich an eine verlängerte Wochenendreise nach Las Vegas oder eine Geschäftsreise nach Santa Fe, USA. Solche Veranstaltungen oder Möglichkeiten brennen sich in das Herz ein, vergessen Mitarbeiter und Führungskräfte nie und werden als Belohnung für geleistete Arbeit extrem geschätzt. Damit schaffen Sie Identifikation mit dem Unternehmen, weil sich Menschen eben auch auf diese Art wertgeschätzt fühlen, denn die Signale sind klar: „das bin ich dem Unternehmen wert"! Weil Ihnen scheinbar nichts zu teuer und keine Mühe zu viel ist, um die Anerkennung zu zeigen. Es ist die Geste, die zählt!

Wenn nicht alle mitdürfen, sondern nur die, die besondere Leistungen erbracht haben, ist der Stolz und die öffentliche Anerkennung um so größer. Es wird auch als fair erlebt und gerechtfertigt. Neid kommt nicht auf. Halten Sie Konferenzen oder Management-Meetings an den schönsten Plätzen der Welt ab. Gehen Sie mit ihnen zusammen zu den begehrtesten Events und Veranstaltungen.

Lassen Sie sich außergewöhnliche Ideen einfallen. Oder beauftragen Sie jemanden, der diese wichtige Sonderaufgabe managen kann. Führen Sie zuerst eine Umfrage unter Ihren Mitarbeitern und Managern durch. Fragen Sie sie, was sie sich wünschen würden und vorstellen könnten als „First Class Treatment".

Ich bin sicher, dass Ihre Mitarbeiter und Manager ähnliche Wünsche und Vorstellungen haben, die sie aber bisher nie formulieren konnten. Und das ein oder andere realisieren Sie demnächst zusammen mit Ihren besten Managern.

Erstellen Sie hier eine Liste für sich, was Sie selbst schon immer gerne tun oder erleben wollten, Sie aber bisher keine Gelegenheit dazu hatten!

5. Sagen Sie Danke!

> Es gibt zwei Worte, die das Leben von Menschen in dem Moment verbessern, sobald sie ausgesprochen sind.

Es gibt zwei Worte, die das Leben von Menschen in dem Moment verbessern, sobald sie ausgesprochen sind. Zwei Worte, die alles Negative aus der Welt schaffen und Menschen zur Sanftheit zwingen. Keiner kann dem widerstehen. Zwei Worte, wenn sie wirklich ernst gemeint sind, sämtliche positiven Energien in Gang setzen und Ihnen und den anderen Freude bringen. Diese beiden Worte sind: Vielen Dank!

Dankbarkeit auszudrücken ist heutzutage in Verruf gekommen oder vergessen worden und gleichzeitig ist sie eine völlig unterschätzte Haltung und Emotion, die einfach und ehrlich ausgedrückt, zweifelsohne magnetische Wirkung hat.

Danken Sie für die geleistete Arbeit. Persönlich und direkt, im Gespräch einzeln, am Telefon und am Leichtesten geht es in E-Mails. Danken Sie für alles, jede Kleinigkeit, die Ihre Mitarbeitern und Managern für Sie tun. Nichts ist wirklich selbstverständlich!

> Danken Sie für alles, jede Kleinigkeit, die Ihre Mitarbeitern und Managern für Sie tun. Nichts ist wirklich selbstverständlich!

Jeder von uns kann es wieder einüben. Dankbarkeit beginnt bereits bei scheinbar unscheinbaren Dingen. Werden Sie sich bewusst, was Sie bereits haben und sagen Sie Danke. Das trainiert das Mind Set in die richtige Richtung. Danke für das Dach über dem Kopf, den Job, den Sie haben, das Auto, dass Sie fahren, die Gesundheit, Ihre Fähigkeit zu sehen, zu sprechen, zu gehen und zu denken. Dankbar für Ihre Familie, Ihre Freunde, einfach alles. Bedanken Sie sich bei allen Services, die Sie bekommen, die Ihr Leben so erleichtern im Supermarkt und im Restaurant. „Make them feel important!". Seien Sie dankbar für die Unterstützung Ihres Vorgesetzten und Ihrer Mitarbeiter.

Je bewusster und häufiger Sie Dankbarkeit praktizieren, desto besser werden Sie sich fühlen. Sie werden erstaunt sein, was es alles Positives bereits in Ihrem Leben gibt, ohne, dass Sie selbst aktiv werden oder etwas tun müssen. Es ist einfach da.

Dankbarkeit löst auch schlechten Stimmungen sofort auf. Öffnet die Tür für Kooperation, neue Lösungsmöglichkeiten und ein konstruktives und entspanntes Miteinander. Das können Sie auch Ihren Mitarbeitern und Managern beibringen, indem Sie es vorleben. Wenn Sie dagegen sich beschweren, kritisieren, anderen die Schuld zuschieben, wenn Sie angespannt sind, anderen Druck machen oder gar sauer und aggressiv werden, schlicht, wenn Sie schlechte Laune haben, dann sind Sie nicht dankbar. Und alles um Sie herum wird sich noch mehr verschlechtern.

6. Sagen Sie besser nichts! Halten Sie den Mund!

Menschen erinnern sich an alles, was auf ihre eigenen Kosten gesagt wird. Vor allem an die negativen, destruktiven, sarkastischen, misstrauischen oder herabsetzenden Bemerkungen über die Person selbst, über ihre Ideen, über die Projekte. Daran kann sich bis heute keiner gewöhnen! Menschen wollen nicht kritisiert werden – weder direkt noch indirekt!

> MENSCHEN WOLLEN NICHT KRITISIERT WERDEN – WEDER DIREKT NOCH INDIREKT!

Sie drängen in die Defensive, zerstören auf Dauer das Selbstvertrauen und bringen Menschen dazu, einen Krieg um Recht haben und Gewinnen wollen zu führen. Und das ist Zeitverschwendung für jeden und das Unternehmen.

Die Kammer des Schreckens werden wir jetzt öffnen. Unter den „Best-Sellern" negativer Kommentare und Bemerkungen, wie sie auch bei Marshall Goldsmith aufgeführt werden, die absoluten „No, No's" zwischenmenschlicher Kommunikation, gehören:

- **Generell negative Bemerkungen, destruktive Beurteilungen/Verurteilungen:** sie sollen zeigen, wie viel schlauer diejenige Person ist, die sie ausspricht. Sie führen in der Regel zu Schuldzuweisungen und Rechtfertigungen – auch, wenn die Aussagen nicht angebracht sind. Jeder fühlt sich wesentlich schlechter nach solchen Äußerungen, ob gerechtfertigt oder nicht. Wer braucht das schon? Verachtung, Respektlosigkeit und Unhöflichkeit sind die Geschwister. Sie bestärken Machtkämpfe, führen zu Missverständnissen und verwirren hinsichtlich der Unternehmenskultur bzw. der Kommunikationskultur.

- **Herabsetzende Kommentare:** sie unterminieren das Selbstvertrauen der Person, die es betrifft. Der Aggressor versucht sich selbst damit in ein besseres Licht zu stellen und auf eine höhere Stufe. Der Schuss geht oft nach hinten los! Erstens wird sich die betroffene Person in jedem Fall rächen – eines Tages, und dieser Tag wird kommen. Darauf können Sie sich verlassen. Zweitens fühlen alle anderen, die dabei waren, mit und erklären sich immer solidarisch mit dem Opfer der Attacke, wie eine Art Beschützerinstinkt. Wenn auch nicht offen, aber sie tun es. Und drittens sind die Beobachter in Zukunft dem Aggressor gegenüber vorsichtig mit der Preisgabe von Informationen. Es kann sie ja selbst eines Tages treffen und werden deshalb so wenig wie möglich Angriffsfläche bieten. Misstrauen ist die Folge, Herrschaftswissen wird aufgebaut und Cliquen bilden sich! Sie können sich vorstellen, was als Nächstes passiert.

- **Sarkasmus:** gehört ebenfalls in die Kategorie „herabsetzende Kommentare". Sie kommunizieren nichts anderes als „ich bin mehr Wert als du", „du bist dumm" oder „ich habe Recht, du nicht" oder „du wirst sowieso scheitern, ich nie!" Mit anderen Worten „ich gewinne, du verlierst – wie immer!". Auch hier sind Verachtung, Respektlosigkeit und Unhöflichkeit die Begleiter.

- **Subtile Bewertungen in der Öffentlichkeit:** Menschen hören meistens genauestens zu und lesen zwischen den Zeilen, wenn Sie in der Öffentlichkeit (also z. B. im Meeting) Lob und Anerkennung aussprechen bzw. nicht aussprechen. Die, die im Lob am höchsten und an erster Stelle genannt werden, fühlen sich zwar am Besten, aber alle anderen nicht mehr. Zwischentöne werden genauestens wahrgenommen. Weshalb? Mitarbeiter fühlen sich ungerecht behandelt und herabgesetzt, wenn nicht ein Beweis in Form von Zahlen oder Argumenten geliefert wird. Und sie antworten in Zukunft garantiert mit 50 % weniger Einsatzfreude. Überlegen Sie sich vorher genau, was Sie wie kommunizieren. Die meisten Menschen verfügen über feine Antennen und hören manchmal auch die Flöhe husten!

- **Ständig Verbesserungsvorschläge machen, sich einmischen, sich überlegen zeigen, ungefragt Rat erteilen, streitbar diskutieren und seine Meinung immer durchsetzen müssen:** fällt in die gleiche Rubrik wie herabsetzende Bemerkungen machen und Sarkasmus und drückt das Gleiche aus: „ich bin schlau, du bist dumm" ;„ich habe Recht, du nicht"; „ich bin besser als du" und „ ich gewinne, du verlierst!". Wer will das schon so genau wissen? Es bringt Sie keinen Schritt weiter, außer dass Sie sich momentan emotional Luft verschaffen. Auch hier geht der Schuss nach hinten los. Ist es das wert? Wahrscheinlich nicht!

- **Sätze mit „Nein" oder „Aber" beginnen:** „Nein" oder „Aber" schränken von vorneherein ein, auch wenn Sie harmlos ausgesprochen werden. Sie lenken ab, beurteilen automatisch und man bringt sich selbst und den anderen sofort in einen Argumentations-Streit und Verteidigungsposition, bei der es primär um Recht haben geht. Bleiben Sie wachsam und hören auf eigene Sprachmuster bei sich selbst und bei anderen. Sie lernen viel daraus. Beenden Sie sofort von sich aus diesen Schlagabtausch von „ich habe Recht, du nicht".

Statt damit seine und die Zeit der anderen zu vergeuden, halten Sie besser den Mund. Alle Beispiele sind unnötige Zeitdiebe, die die Kraft und Motivation auf das falsche Spielfeld dirigieren. Sie laugen Menschen aus, führen in Graben- oder Machtkämpfe, in innere Dialoge und Rachefeldzüge, die die Energie von der Sache ablenken und so auch faktisch dem Unternehmen schaden. Der Schaden, der mit solchen Bemerkungen, Kommentaren und Einmischungen angerichtet wird, ist selten wieder gut zu machen.

Das Misstrauen ist gesät und es spricht sich herum. In ein paar Wochen oder gar Monaten ist sowieso dieser emotionale Moment, der solche Kommentare und Bemerkungen ausgelöst hat, wieder vergessen – von Ihrer Seite, jedoch nicht vom Mitarbeiter oder vom Kollegen, der sich dies anhören mußte.

Also beißen Sie sich lieber auf die Zunge. Das ist weniger schlimm und bringt Ihnen persönlich mehr als in dem Moment, Ihren Gefühlen oder Ihrer Einstellung Luft zu machen. Sagen Sie lieber etwas Positives, bevor Sie auf diese Art, wie oben beschrieben, kommunizieren. Sie können es nicht wieder gut machen!

> **Trainieren Sie sich in Neutralität. Es ist Ihr alleiniger Blick auf das Ganze und Ihr subjektives Modell der Welt. Atmen Sie also tief durch und sagen Sie nichts – ausser vielen Dank!**

Trainieren Sie sich in Neutralität. Es ist Ihr alleiniger Blick auf das Ganze und Ihr subjektives Modell der Welt. Atmen Sie also tief durch und sagen Sie nichts – außer vielen Dank!

Falls es Ihnen besonders schwer fällt, den Mund zu halten und Sie immer noch eine gute und vertrauensvolle Beziehung zu Ihren Mitarbeitern haben, dann treffen Sie folgende Vereinbarung mit ihnen: bitten Sie sie, jedes Mal von Ihnen 20 Euro für die Kaffeekasse zu verlangen, wenn Sie wieder solche Bemerkungen äußern. Das kann teuer werden, aber es hilft, solche Angewohnheiten schnell abzulegen. Sie können das auch für das ganze Team verabreden. Nach einer Woche schon beginnt sich deutlich die Kommunikation von allen und das Klima zu verbessern. Bleiben Sie dran!

7. Entschuldigen Sie sich!

Schwieriger als einfach den Mund zu halten, ist es, sein Bedauern ausdrücken und zu sagen „Das war nicht so gemeint. Tut mir leid!" Zu sagen oder zu schreiben „es tut mir leid" ist für viele Menschen eins der schwierigsten Übungen und doch ist es gleichzeitig eine der wirksamsten Äußerungen.

Schwierig, weil manche über ihren Schatten springen und ihren Stolz überwinden müssen „wider besseren Wissens". Oder, weil sie sich zu weit aus dem Fenster gelehnt haben. Schwierig, weil manche glauben, an Macht und Einfluss zu verlieren oder überhaupt dann als Verlierer bei einem Streit dazustehen. Wir wollen immer gewinnen, selbst im privaten Bereich. Riskieren nonchalant, dabei unsere Beziehungen zu zerstören.

Auch wenn der so genannte Feind schon längst die Flügel gestreckt hat, schlagen wir weiter drauf und verletzen durch Hetzkampagnen und üble Nachrede bei Dritten. Das kommt dem bekannten Rufmord gleich. Können Sie oder Ihre Mitarbeiter darauf stolz sein? Nicht wirklich!

Wie viel stärker ist es doch, als erster die Hand zu reichen und zu sagen „es tut mir leid". Ob Sie im Recht sind oder nicht! Wirksam ist ein Ausdruck des Bedauerns oder der Entschuldigung, weil all die Ängste, der Zorn, die Verbitterung, die negativen Emotionen durch eine Verletzung oder weil jemand sich im Stich gelassen fühlt, mit einem Schlag neutralisiert sind. Niemand kann sich dem entziehen. Verhärtete Fronten werden so aufgeweicht und kehren sich um in Mitgefühl, eine Art „gegenseitiges Schuldeingeständnis", Vergeben, Erleichterung und Gemeinsamkeit – je nach Schweregrad des Streits und Problems. Ein „es tut mir leid" zwingt jeden, die Vergangenheit loszulassen und sich neuen Formen der Kooperation zuzuwenden.

Es ist emotional intelligent, sich zu entschuldigen oder eine Entschuldigung zu akzeptieren. Eine Entschuldigung entwaffnet den ärgsten Feind und kältesten Krieger. Falls nicht, dann wissen Sie, mit wem Sie es zu tun haben. Eine Entschuldigung trennt die Spreu vom Weizen. Wer zu was gehört ist eine wichtig Unterscheidung, wenn man in einem Beziehungsnetzwerk erfolgreich arbeiten will.

> Es ist emotional intelligent, sich zu entschuldigen oder eine Entschuldigung zu akzeptieren.

Vom Mit-Arbeiter zum Mit-Unternehmer!

The Power of Focus!
In 7 Schritten zum Ziel und zum Erfolg!

„You always get what you want, so be careful with your order!"
ANONYM

Es wird schwierig, erfolgreich zu sein, wenn wir nicht wissen, wo wir hin wollen. Zweitens über nicht genügend Wissen verfügen, dorthin zu gelangen. Das wäre so, als wünschen wir uns den Jackpot im Lotto zu gewinnen, aber kein Losticket dafür kaufen. Drittens, wenn wir nicht an die eigene Kraft glauben, diese Ziele zu erreichen. Wir brauchen Selbstvertrauen, wir brauchen Selbst-Wirksamkeit, so wie es Albert Bandura beschrieben hat. Zur Selbst-Wirksamkeit gehört auch die Fähigkeit zur Disziplin und Durchhaltevermögen, die Dinge bis zum Ende bringen zu wollen. Disziplin und Durchhaltevermögen statten denjenigen mit einer gehörigen Portion an Frustrationstoleranz aus und sind wesentlich zur Überwindung von Schwierigkeiten und zur Lösung von Problemen.
Selbst wirksam zu sein bzw. sich so zu fühlen wird nach Bandura bestätigt durch eigene erfolgreiche Handlungen in der Vergangenheit, durch das Nachmachen erfolgreicher Handlungen von anderen, durch Lob und Anerkennung, die man erhält und durch das Annehmen von Emotionen.

Und da ist unser Gehirn, das sich wie eine Cruise Missile den Weg zum Ziel sucht, auf den es programmiert wurde. Unser Gehirn verfügt über einen automatischen Suchprozess nach Antworten auf Fragen, die gestellt werden und nach Wegen, um Ziele zu erreichen, die ihm genannt werden. Deshalb beginnt die erfolgreiche Umsetzung von Projekten oder Unternehmungen primär mit der Formulierung des Ziels. Das ist der Start und die wichtigste Aufgabe. Von da aus wird die eigene Positionsbestimmung geklärt und dann der Weg gesucht, der zum Ziel führt: der schnellste, der kürzeste etc. Wie ein innerer Navigator bzw. GPS im Auto. Sie brauchen nur das Ziel einzuprogrammieren, den Weg dorthin findet er selbst und nennt ihn auch jeden Schritt im voraus.

Es gibt verschiedene exzellente Wege, Techniken und Konzepte, Ziele zu definieren und zu erreichen. Klarheit ist die wichtigste Devise. Klarheit statt Kontrolle, wenn es darum geht, zu analysieren und Entscheidungen zu treffen. Und Sie brauchen Disziplin und eine strukturierte Vorgehensweise. 7 Schritte bis zum Ziel, bis zum Erfolg, zeigt Ihnen im Folgenden den effektivsten Prozess, den ich selbst kennen gelernt habe! Wenn Sie zusätzlich die Fragetechniken aus „Kommunikationsstärke – verbal" in den Prozess integrieren, decken Sie so ziemlich alle notwendigen Aspekte ab, die auf die Selbst-Wirksamkeit Einfluss haben. In 7 Schritten intensivster Auseinandersetzung mit Gedanken, Assoziationen und Gefühlen, präzise, selbst reflektierend und ressourcenorientiert, versetzen Sie sich in die Lage, den Blick zu schärfen und geeignete Maßnahmen zu entwerfen. Mehr noch, dem Fokus des Denkens wird die emotionale Power hinzugefügt, die die Intensität bestärkt und damit die Chancen erhöht, Ziele Realität werden zu lassen.

Wenn der Fokus auf die Realisierung geschäftlicher Ziele auch die persönlichen Ziele beinhaltet, dann identifizieren sich Mitarbeiter und Manager mit dem, was sie tun im Unternehmen. Sie werden durch die Diskussion und die Einbringung der eigenen Ziele und Gedanken auch dadurch zum Mit-Unternehmer, der dafür die Verantwortung mit trägt. Nichtsdestotrotz und oft genug werden Ziele und Strategien definiert, werden in Plänen niedergeschrieben und werden nach kurzer Zeit wieder geändert. Die Enttäuschung ist in der Regel groß, hat man doch vorher so viel Arbeit rein gesteckt und mit der Verabschiedung der Pläne einen gewisse Anerkennung für die Inhalte und das Geleistete erhalten. Stattdessen heißt es „alles wieder neu bitte!".
Aktionismus hat den Effekt, Mitarbeiter zu frustrieren und die Freude und Energie an der Arbeit zu verderben. Beides bewirkt, dass das Commitment für die Strategien und Aktionen der neu

Wenn der Fokus auf die Realisierung geschäftlicher Ziele auch die persönlichen Ziele beinhaltet, dann identifizieren sich Mitarbeiter und Manager mit dem, was sie tun im Unternehmen.

zu visierenden Ziele geringer wird. Den umgekehrten Weg zu gehen, ist ebenfalls üblich, aber nicht empfehlenswert wie wir wissen: bei der Entwicklung von Businessplänen wird zuerst die Idee und die Strategie verabschiedet, um dann die Ziele zu formulieren, die dazu passen. Mit anderen Worten, man weiß zwar schon wie, aber noch nicht wohin. Diese Vorgehensweise kann funktionieren, wenn Sie den Markt, die Kunden und das Business Modell wirklich sehr gut kennen und sich auf vertrautem Terrain befinden. Dem Anspruch nach Innovationen und kreativen Problemlösungen wird diese Vorgehensweise jedoch nicht immer gerecht.

„Die Energie folgt dem Denken; wir bewegen uns auf das zu, was wir uns vorstellen, aber nicht darüber hinaus. Was wir annehmen, erwarten oder glauben, färbt und schafft unsere Erfahrung; indem wir unsere Erwartungen ändern, verändern wir unsere Lebenserfahrung in allen Aspekten. Lebe mit großen Erwartungen, und große Dinge geschehen." Dan Millman/Art Fettig

1. Definition: „Was wollen Sie erreichen?"

„Was sind Ihre Ziele für das Unternehmen/Projekte/Division/ Region?" Ein altbekannte Formel und Aufgabe jedes Managers, auf diese Frage Antworten zu finden.

Fragen Sie sich als nächstes, was genau passiert sein muss bzw. anders sein muss, wenn Sie das jeweilige Ziel erreicht haben! Diese Frage nach Konkretisierung des Ergebnisses und „was ist anders als heute!" ist die zentrale Frage! Es ist die wichtigste aller Fragen, um ein Ziel so konkret wie möglich zu spezifizieren und zu evaluieren. Alle formulierten Ziele müssen messbar – quantitativ und qualitativ – sein, sonst sind sie in ihrem Zielerreichungsgrad nicht zu bewerten. Wie wollen Sie Leistung bewerten als genau daran: „Was ist dann anders als heute?"

Ein zweiter wichtiger Schritt, damit Ziele nicht in der Theorie stecken bleiben, ist das in Frage stellen dieses/dieser Ziel(e), nachdem Sie sie definiert haben. Die Frage lautet:

„Ist das Ziel/sind die Ziele herausfordernd, provokativ genug oder gar in der Einschätzung fast unmöglich zu erreichen?" „Stretch Goals", die ihre Wirkung nicht verfehlen. „Stretch Goals" wirken provozierend, beängstigend und spornen trotzdem an. Wenn man sich von anfänglicher Ablehnung und dem Schreckmoment erholt hat, beginnt unser Gehirn nach Wegen und Lösungsmöglichkeiten zu suchen, um selbst ein „unmögliches" Ziel zu erreichen. Die Vorstellung begibt sich so langsam gedanklich in den Bereich des Möglichen und Zuversicht macht sich breit. Wir werden gezwungen aus unserer „Komfortzone" heraus zu treten! Manche Menschen werden erst bei „Stretch Goals" so richtig angespornt und über das eigene (Normal-)Maß hinaus aktiv. Betrachten Sie „Stretch Goals" positiv, als Herausforderung und mit sportlichem Ehrgeiz!

2. Diagnose/Situationsanalyse:
„Kann ich … ? Darf ich … ? Will ich … ?

Jetzt geht es daran, die Realisierung der Ziele tatsächlich anzugehen. Tatsächlich heißt, dass sie einer Art inneren Prüfung standhalten müssen. Diese Prüfung kann eine heikle Aufgabe werden, deshalb empfehle ich immer, sie eventuell mit einer Person des Vertrauens durchzuführen! Dafür sind für jedes einzelne Ziel die folgenden drei Fragen zu beantworten: „Kann ich … ?" „Darf ich … ?" und „Will ich … ?". Das gilt auch für Business-Ziele! Diese drei Check-up Fragen hören sich relativ harmlos an, sind jedoch echte Antreiber und Beschleuniger in dem Prozess der tatsächlichen Zielfindung und späteren Realisierung!

> JETZT GEHT ES DARAN, DIE REALISIERUNG DER ZIELE TATSÄCHLICH ANZUGEHEN. TATSÄCHLICH HEISST, DASS SIE EINER ART INNEREN PRÜFUNG STANDHALTEN MÜSSEN.

Um die Unterschiede der drei Fragen kurz zu erklären, stellen Sie sich einfach einen Mann oder eine Frau mittleren Alters vor mit dem Wunsch, sich bei der nächsten Winter-Olympiade als Teilnehmer zu qualifizieren oder sogar auf eine der ersten drei Plätzen auf dem Treppchen zu stehen, zum Beispiel beim Ski Alpin. Um an der Olympiade teilnehmen zu wollen, sind gewisse körperliche Voraussetzungen und Fähigkeiten mitzubringen, denn nur dadurch besteht die Chance, dem Ziel näher zu kommen. Diese Fähigkeiten zu erwerben oder zu haben, gibt Antwort auf die

Frage „Kann ich ...?". In unserem Beispiel sind die Chancen gering, sich zu qualifizieren, da in dieser Sportart in der Regel sehr jung angefangen wird, zu trainieren. Die Antwort auf „Kann ich ...?" wird negativ bescheinigt! Mit dieser Antwort ist das Ziel oder der Wunsch bereits abgelehnt. Die Frage nach dem „Will ich ...?" kann zwar mit Ja beantwortet werden, aber ist wegen des Nicht-Könnens erledigt. Gehen wir davon aus, dass „Kann ich ...?" und „Will ich ...?" beides mit Ja beantwortet werden würde, dann bleibt noch die Antwort auf die Frage „Darf ich ...?" offen.

Ein erwachsener Mensch, der sich dies selbst fragt, antwortet ohne großartig nachzudenken natürlich mit Ja. Die Erlaubnis etwas zu tun, gibt man sich irgendwann selbst und erhält sie nicht mehr von den Eltern oder dem Lehrer. Denken wir. Aber es gibt in jedem Lebensbereich andere Personen, die stellvertretend als „Lehrer" oder „Eltern" auftreten, die uns die Erlaubnis, bestimmte Dinge zu tun, geben oder nicht geben wollen. Auch im Business, im Job! Es erscheinen Menschen auf der Bildfläche, die mit darüber entscheiden wollen, was Sie tun dürfen und was nicht. In unserem Beispiel werden es möglicherweise ein paar Freunde oder die Familie sein, die etwas gegen diese Entscheidung oder Wunsch einzuwenden hat. Aus persönlichen Gründen, weil Sie dann weniger Zeit für Freunde und Familie haben oder weil Ihre Aufmerksamkeit anderen Dingen verstärkt gilt, die mit der Ausübung des Sports zu tun haben. Mit anderen Worten, die Antwort auf die Frage „Darf ich ...?" wird Ihnen in vielen Fällen gegeben, ob Sie nachfragen oder nicht.

„Darf nicht ...?" kann aber auch bedeuten, dass Sie selbst glauben, es nicht tun zu dürfen, aus persönlichen Gründen oder für wen auch immer.
Die Antwort auf die Frage „Darf ich ...?" impliziert das Abklopfen solcher bewusster und unbewusster Hindernisse inklusive der Personen, die damit verbunden sind. Wenn „Darf ich ...?" mit Nein beantwortet wird, weil Sie zum Beispiel die Solidarität mit dem besten Freund oder Kollegen brechen, dann wird die Zielerreichung unmöglich sein! Die Frage spezifisch: „Gibt es negative

Konsequenzen seitens bestimmter Personen, Institutionen o. ä., die diesem Ziel entgegen stehen?" „Darf ich ...?"
Übertragen auf Management, Funktion und Bereich im Unternehmen, bei der Führung und Motivation von Mitarbeitern, können Sie dieses Modell anwenden. Sie können so auch Antworten finden, wie Hindernisse ausgeräumt bzw. integriert werden können, um die Ziele zu realisieren.

Zusammengefasst der Check up:
„Kann ich ...?" – Qualifikation!
- Check der objektive Grenzen der Möglichkeiten für die Zielerreichung: Know How, fachliche und funktionale Qualifikation, Managementfähigkeiten, Kompetenzen, Kontakte, technische Voraussetzungen, professionelle Analyse, etc.
- Falls Einschränkungen auftauchen oder ein klares „Nein" als Antwort in einem der Bereiche, ist eine Neuformulierung der Zielsetzung notwendig!

„Darf ich ...?" – Erlaubnis!
- Check von juristischen Implikationen, Regeln, Code of Conduct, explizite Verbote, Übergreifen in andere Unternehmensbereiche und Funktionen, Genehmigungen von Vorgesetzten, Geschäftsleitung und/oder Vorständen, Loyalität von Kollegen und Mitarbeitern.
- Falls ein klares „Nein" als Antwort auftaucht, ist eine Korrektur oder gänzliche Neuformulierung der Zielsetzung notwendig!

„Will ich ...?" – Motivation!
- Check, ob das Ziel tatsächlich angestrebt wird und ob die Umsetzung positiv eingeschätzt wird; Kennziffern und Kriterien aufstellen „woran merken Sie, dass Sie das Ziel erreicht haben?". Ist das Ziel selbst motivierend genug, damit andere in Aktion treten?
- Falls Einschränkungen auftauchen, ist die Analyse und Diskussion der Gründe der wichtigste Schritt zur Klärung. Eine Korrektur der Zielsetzung ist notwendig.

Ziele	„Kann ich ... ?"	Darf ich ... ?"	Will ich ... ?"
Operations 1. 2. 3.			
Finance 1. 2. 3.			
Marketing 1. 2. 3.			
Sales 1. 2. 3.			
Leadership & Change 1. 2. 3.			

3. Reward Setting: „Wie werden Sie sich belohnen, wenn Sie das Ziel erreichen?"

„Make me feel important!" gilt nicht nur für die anderen! Motivation ist nicht nur eine Sache für die anderen, sondern eine Sache für Sie selbst. Die Beantwortung der Frage „What's in it for me?" für Sie selbst ist Ihr Schlüssel für Ihre Motivation. Selbst-Wirksamkeit beginnt bei Ihnen, damit Sie auch die anderen dabei unterstützen können. Dabei ist es egal, ob es sich um die Belohnung für berufliche oder private Ziele handelt. Entscheidend ist die Belohnung, die als innerer Antreiber für Sie selbst funktioniert und Handlungsimpulse auslösen muss (!). Sonst ist es keine echte Belohnung. Sie erkennen das daran, ob ein Gefühl der Freude und Begeisterung allein durch den Gedanken an die Belohnung, ausgelöst wird. Einige Ideen und Vorschläge dazu finden Sie bereits in dem Kapitel „Make me feel important!"

Visualisieren Sie die Szenarien, wie Sie belohnt werden oder sich selbst belohnen durch einen kleinen schnellen Film im Kopf. Sie spielen die Hauptrolle und sehen alle anderen Beteiligten! Die Ausgangsposition ist bereits die Zukunft, nämlich der Moment, wo Sie – allein oder zusammen mit Ihrem Team – das Ziel erreicht haben und die Belohnung erhalten. Sie können hören, was die anderen sagen, sehen, was Sie selbst und die anderen tun und erleben das Gefühl, das Ziel erreicht zu haben, die Belohnung zu erhalten. Dieses Gefühl werden Sie erinnern und wird Sie ab jetzt tragen zu Ihrem Ziel! Genau diese Situation wird sich eines Tages realisieren! Versprochen!

Viele Manager und Unternehmen verfolgen das Konzept, die Zielerreichung mit „Rewards & Awards" zu belohnen, doch es fehlt manchmal an den tatsächlich motivierenden Belohnungskonzepten, die eine echte Sogwirkung und Effekt auf die Arbeit haben. Den Transfer für Ihre Mitarbeiter und Manager können Sie sehr einfach herstellen: Stellen Sie ihnen die gleichen Fragen, die Sie sich selbst gestellt haben, jedoch übertragen auf das geschäftliche Umfeld: der Fachbereich, die Kunden, Finanzen, Strategien

Reward-Setting-Fragen:

Wie oder mit was möchten Sie gerne belohnt werden oder belohnen Sie sich selbst, wenn Sie das Ziel erreicht haben?

Welche Ihrer Bedürfnisse werden befriedigt – persönlich, beruflich, finanziell, etc.?

Wäre das oben Beschriebene eine echte Belohnung für Sie, die Sie wirklich im Innern sehr motiviert und Freude bereitet? Oder haben Sie noch eine andere Idee?

Wenn Sie das Ziel erreicht haben, welche Menschen, die Sie anerkennen, werden genau was zu Ihnen direkt sagen?

Wenn Sie das Ziel erreicht haben, welche Menschen, die Sie anerkennen, werden genau was an Dritte über Sie sagen?

und Konzepte! Sie werden erfahren, welche Belohnung sich Ihre Mitarbeiter und Manager wünschen. Sie brauchen nur eins zu tun: zuhören und sicherstellen, dass die Belohnungen, die Sie zusagen auch einhalten! Das ist Ihre Pflicht, wenn Sie weiterhin mit engagierten und verantwortungsvollen Mit-Unternehmern in Ihrem Bereich zusammenarbeiten wollen.

4. Ressourcen: „Welche Ressourcen stehen zur Verfügung?"
Über welche Ressourcen verfügt jeder Einzelne, das Team, ein ganzer Bereich bzw. das ganze Unternehmen, um die gesetzten Ziele zu erreichen? Erstellen Sie einen Überblick und Status quo bezogen auf: die Kernkompetenzen des Unternehmens, Fachbereichs, Finanzen, das Know How, die Stärken der Mitarbeiter, etc.

Ressourcen-Fragen:

1. Was hat in der Vergangenheit gut funktioniert?

2. Welche Maßnahmen, welche Strategien wurden getätigt, die erfolgreich umgesetzt wurden – für wen genau?

3. Welche bisherigen Erfolge gab es konkret und weshalb (Erfolgsliste!), die helfen werden, die neu gesetzten Ziele zu erreichen?

Ressourcen-Fragen:

4. Welche spezifischen Fähigkeiten und Fertigkeiten liegen jeweils vor, die gebraucht werden?

5. Welches sind die finanziellen Stärken?

6. Welche Menschen intern (Kollegen, Mitarbeiter, Geschäftsleitung) und extern stehen als Ressourcen und Verbündete zur Verfügung?

7. Was motiviert und was gibt Kraft? Gibt es positive Anker?

8. Was behindert, macht Angst, langweilt oder frustriert?

9. Was wäre stattdessen notwendig? Was noch?

Ressourcen-Fragen:

10. Was ist gegenwärtig gut im Team, im Unternehmen?

11. Wofür bin ich/sind wir dankbar – gestern und heute!

12. Was stört mich/uns? Was soll stattdessen sein?

13. Was möchte ich/möchten wir außerdem!

14. Was brauchen wir noch?

15. Was steht alles zur Verfügung, um das Ziel zu erreichen?

5. Realisierung: „Welche Strategien und Maßnahmen führen zum Ziel?"

Jetzt haben wir fast alles zusammen, was wir brauchen, um in Klarheit und Transparenz der Motive und Ressourcen daran gehen zu können, die Ziele umzusetzen und zu realisieren!

Der Trick ist, sämtliche Ressourcen dem Ziel direkt gegenüberzustellen, zu bewerten und zu verknüpfen, ganz konkret! Was passt zu was genau?

Der „Trick" in dem Prozess ist ein offensichtlicher und trotzdem für viele neu! Es wird bisher in der Regel kein Gebrauch davon gemacht, obwohl er logisch erscheint! Der Trick ist, sämtliche Ressourcen dem Ziel direkt gegenüberzustellen, zu bewerten und zu verknüpfen, ganz konkret! Was passt zu was genau? Das heißt, direkte Abhängigkeiten herzustellen bzw. zu simulieren, um die Wirkung auf die Zielerreichung oder zumindest den Grad der Zielerreichung zu antizipieren.

Das ist der Hebel, der neue Wege ermöglicht.

Danach folgt das übliche Prozedere, das Sie bereits aus Ihrer täglichen Managementpraxis kennen:

- Wie werden Sie konkret vorgehen, die Ziele zu erreichen?
- Welche Meilensteine werden wann erreicht?
- Was, wann, wie und mit wem den Weg dorthin gestalten?
- Was brauchen Sie dafür?
- Wie können Sie sicherstellen, dass es verfügbar ist?
- Was bedeutet die Erreichung der einzelnen Meilensteine für den nächsten Schritt und für wen?
- Wie können Sie sicherstellen, dass die Ziele dauerhaft, attraktiv und motivierend wirken?

Normalerweise wird in diesem Stadium bereits der Business-Plan geschrieben. Allerdings fehlt zur Vollendung noch ein wichtiger Schritt, der hilft im Vorfeld zu eruieren, welche Probleme auftauchen können: „Wer hat was dagegen?"

6. Hindernisse: „Wer hat was dagegen?"

Der 6. Schritt beschäftigt sich mit allen Aspekten, die es gegen die Durchführung gibt und damit die Erreichung der Ziele behindern: potentielle „worst case"-Szenarien!

Dieses ist eine exzellente Übung, alles noch einmal einem Review zu unterziehen und „advocatus diabolo" zu spielen. Es hilft ungemein, die Realität zu erfassen und Gegenstrategien zu entwerfen.

So genannte Nebenwirkungen von neuen Zielen, Strategien und Veränderungen gilt es zu erkennen und damit umzugehen. Risiken gilt es zu antizipieren und Sicherheitsmaßnahmen zu entwickeln für alle Fälle. Und es gilt den Preis zu eruieren, den neue Ziele oder Wege oder Veränderungen in der Strategie mit sich führen werden. Diese Hindernisse und Einwände im Vorfeld zu bedenken, zu besprechen heißt Verantwortung zu zeigen, zu übernehmen und kalkulierte Risiken eingehen zu können. Das gibt Sicherheit im Handeln und bei den verantwortlichen Personen.

> SO GENANNTE NEBENWIRKUNGEN VON NEUEN ZIELEN, STRATEGIEN UND VERÄNDERUNGEN GILT ES ZU ERKENNEN UND DAMIT UMZUGEHEN. RISIKEN GILT ES ZU ANTIZIPIEREN UND SICHERHEITSMASSNAHMEN ZU ENTWICKELN FÜR ALLE FÄLLE.

Folgende Fragen können Sie sich und den anderen stellen:
- Wer hat was dagegen?
- Was spricht dagegen?
- Auf dem Weg zur Zielerreichung wird es die eine oder andere Schwierigkeit geben! Stellen Sie sich eine Schwierigkeit vor, die Ihnen begegnen wird! Was ist Ihre Reaktion?
- Während Sie in der beschriebenen Schwierigkeit stecken, denken Sie an Ihr Ziel! Ist das Ziel wertvoll genug, um diese Schwierigkeit durchzustehen?
- Falls ja, ist ja alles in Ordnung! Falls die Antwort nein ist, stellt sich die Frage, wie wichtig ist Ihnen das Ziel wirklich bzw. sind Ihnen die Ziele wirklich?

Wenn Sie diese mitunter schwierigen Fragen positiv beantworten können, steht der Zukunft und der Zielerreichung nichts mehr im Wege.

Sie brauchen sich nur noch um die konkrete Umsetzung zu kümmern, dem Schritt 7!

7. Future Pace: „Wie sieht der konkrete Aktionsplan zur Umsetzung aus?"

- Was passiert genau?
- Bis wann?
- Durch wen?
- Was sind die konkreten Action Steps mit Timing?

Das alles konzentriert zusammengefasst und niedergeschrieben, ergibt schlussendlich den neuen „Business"-Plan für Sie persönlich oder das Unternehmen!

Vom Mit-Arbeiter zum Mit-Unternehmer!

Communication Excellence!
Kommunikationsstärke ist mehr als Rhetorik!

„Kommunikation ist nicht eine zusätzliche Aufgabe des Managers, Management ist Kommunikation!"

PETER F. DRUCKER (1909–2005)

Exzellente Kommunikation, das heißt ausdrucksstark und sensitiv zu kommunizieren, ist der direkteste Weg, Menschen zu motivieren, ihnen das zu geben, was sie brauchen. Mehr noch, sie dazu zu bewegen, über ihre eigene Komfortzone hinaus zu entscheiden und zu handeln, also Neues zu wagen. Die richtige Kommunikation kann dazu ermutigen oder auch das Gegenteil bewirken! Wenn Sie selbst ausdrucksstark und sensitiv kommunizieren können, werden Ihre Mitarbeiter und Kollegen für Sie durchs Feuer gehen. Wenn Sie kommunikationsstark sind, dann kann Sie nichts stoppen. Nichts! Ausdrucksstärke und Feinfühligkeit im Umgang mit anderen Menschen ist der Erfolgsschlüssel par Excellence!

Kommunikationsstärke ist größer als Rhetorik und Schlagfertigkeit. Rhetorik und Schlagfertigkeit sind taktische Mittel, um Menschen auf die eigene Seite zu ziehen und sie sind die Mittel zur Vorbereitung zum Kampf mit einem Gegner. (Fertig zum Schlag sein). Doch es geht in der Kommunikation mit Mitarbeitern und Managern nicht darum eine Schlacht zu gewinnen. Kommunikationsstärke ist in einem Unternehmen ein Führungsinstrument und eine Qualifikation, Menschen zu motivieren und gemeinsam Ziele zu erreichen. Die Klaviatur will gut gespielt sein von allen Führungskräften mit Mitarbeiterverantwortung! Auch diese Fähigkeit gehört in das jährliche Beurteilungsgespräch von Managern und Führungskräften.

> RHETORIK UND SCHLAGFERTIGKEIT SIND TAKTISCHE MITTEL, UM MENSCHEN AUF DIE EIGENE SEITE ZU ZIEHEN UND SIE SIND DIE MITTEL ZUR VORBEREITUNG ZUM KAMPF MIT EINEM GEGNER.

Kommunikationsstark sind Menschen, die wissen, wie sie mit ihren Worten, ihren Gesten und ihrer Mimik eine starke Wirkung auf andere Menschen haben, die diese wiederum zu einem neuen Handeln und/oder Denken bewegt. Manchmal genügt ein Blick oder eine Geste! Menschen, die diese Fähigkeiten besitzen, zugewandt und respektvoll mit Menschen umzugehen pflegen, sind glaubwürdig, die besseren Führungskräfte und produzieren bessere Ergebnisse. Das hat schon die Tower-Perrins-Studie zu Beginn gezeigt. Das bedeutet, Sie erkennen die Bedürfnisse von Menschen, Sie können Handlungsmotive nachvollziehen und Reaktionsmuster begreifen, vielleicht sogar antizipieren. Und vor allem können Sie dem Bedürfnis widerstehen, sich selbst in den Vordergrund zu spielen, wertende Kommentare abzugeben oder permanent misstrauisch alles in Frage zu stellen.

> **Kommunikationsstarke Menschen sind in der Lage, ihre Kommunikation und ihr Verhalten auf andere Menschen auszurichten.**

Kommunikationsstarke Menschen sind in der Lage, ihre Kommunikation und ihr Verhalten auf andere Menschen auszurichten. Das gelingt Ihnen dann, wenn sie ein wirkliches Interesse und Mitgefühl für anderen Personen zeigen, das aus Ihrem Innern kommt. Wenn sie sich Fragen stellen wie: was motiviert jeden einzelnen Menschen in meinem Umfeld? Welches sind die bevorzugten 6 Grundbedürfnisse, die die Person steuert? Woran erkenne ich sie? Was ist besonders wichtig und was nicht? Welche Strategien verfolgt diese Person, diese Grundbedürfnisse zu befriedigen? Wo ist die Person frustriert? Wie äußert sich das wiederum? Was müsste die Person lernen, um ihre Bedürfnisse besser zu befriedigen?

Wenn wir andere Menschen motivieren wollen, sollten wir lernen ausdrucksstark und feinfühlig zu kommunizieren. Kommunikationsstärke auf allen Ebenen zeigen: verbal und non-verbal. Es geht in der Kommunikation darum, zu verstehen, nicht verstanden zu werden, wie schon Stephen R. Covey schrieb in: „The 7 habits of highly effective people"! Oder um mit Paul Watzlawiks Worten zu sprechen: „Wahr ist nicht, was A gesagt hat! Wahr ist, was B verstanden hat!" Wir dagegen erklären, präsentieren und reden, um uns verständlich zu machen. Eine Einbahnstraße, in der es kein Zurück mehr gibt.

Kommunikationsstärke erkennt die Vernetzung und notwendige Interaktion mit anderen Menschen an. Auch Konflikte sind Kommunikation. Sie zeigen, was mit wem nicht funktioniert. Sie meisterhaft zu managen zum Wohl aller Beteiligten und des Unternehmens ist eine Frage der Interpretation, der Wertung und des angemessenen Ausdrucks.

Ausdrucksstärke ist eine Fähigkeit, die erlernt und trainiert werden kann. Feinfühligkeit ebenfalls, wenn man es will. Ein Grundmaß an Feinfühligkeit besitzt jeder. Eine Frage des Charakters. Wir können in jedem Fall lernen, verbal und non-verbal so zu kommunizieren, dass andere sich verstanden fühlen und die Ergebnisse sich sehen lassen können.

Kommunikationsstärke bzw. Ausdrucksstärke und Feinfühligkeit heißt generell zu verfügen über
- Wahrnehmung – von sich selbst und für andere!
- Kenntnisse über die eigenen, individuellen Kommunikationsziele und -konzepte!
- Kenntnisse des individuellen Kommunikationsstils des Gegenübers!
- Kenntnisse über die spezifische Wirkung von Kommunikation auf das Gegenüber!
- Anpassung/Flexibilität des eigenen Kommunikationsverhaltens!

Interaktion durch Kommunikation verläuft meistens unbewusst ab. Auch im Geschäftsleben, im Job. Menschen konzentrieren sich bei der Vorbereitung von Projekten, Präsentationen, Diskussionen in der Regel auf die Sachebene – also Inhalte. Psychologische Untersuchungen haben jedoch gezeigt, das die Beziehungsebene über Erfolg oder Misserfolg von Kommunikation entscheidet! Die berühmte Relation 80/20 ist wie bei einem Eisberg: man sieht nur die Spitze – 20 %. Das ist die Sachebene. 80 % ist die Beziehungsebene (das Wie, nicht das Was in der Kommunikation) und sie liegt unter der Wasseroberfläche. Sie ist abhängig von jedem selbst und

KOMMUNIKATIONSSTÄRKE ERKENNT DIE VERNETZUNG UND NOTWENDIGE INTERAKTION MIT ANDEREN MENSCHEN AN. AUCH KONFLIKTE SIND KOMMUNIKATION.

der Persönlichkeit, den eigenen Erwartungen, Zielen und Bedürfnissen! Eine wichtige Führungsqualität ist, die Beziehungsebene zu erkennen, sie zu reflektieren und positiv zu gestalten!

Alle sind vernetzt!
Bedenken Sie, alles und jeder ist mit jedem – auf jeden Fall indirekt – miteinander vernetzt. Nicht nur die Portale wie Xing oder A Small World zeigen die Pfade auf. Das Internet zeigt uns auf einer virtuellen Ebene, was auf einer physischen und energetischen Ebene bereits existiert.

Wissen Sie immer, was oder wer zusätzlich in Ihrem Spiel noch eine Rolle spielt?
Der professionelle Umgang mit der Vernetzung unserer Welt erfordert die Abbildung dessen was ist – bereits im Vorfeld. Im zweiten Schritt wird entschieden und dann erst gehandelt. Bestmögliche Vorbereitung – also Analyse und Planung – auf einer Ebene, die zwar existiert, die Sie aber noch nicht sehen können. Klug und umfassend zu antizipieren, ist eine strategisch wichtige Fähigkeit. Antizipieren heißt, möglicherweise bessere Strategien entwickeln! Sie beinhaltet, Netzwerke zu kennen und einzubeziehen. Heißt zu verstehen, wer und wann durch Ihr Handeln, durch Ihre Entscheidungen betroffen sein wird.
Das Ergebnis von strategischer Antizipation und Networking wird sein, dass Sie auf verschiedenen Wegen und angemessen mit Ihrem Gegenüber kommunizieren. Sie werden intensiver, effizienter, schneller, sympathischer und deshalb stärker. Ihre Fähigkeiten, sich mit anderen zu vernetzen, zu verbinden, werden sich verbessern, exzellent zu werden.

„Antizipation" im Unternehmen praktiziert heißt entsprechend:
- die Konsequenzen des eigenes Handeln zu kennen – im Innen- wie im Außenverhältnis
- die Konsequenzen zu kennen, das, was andere in der Folge tun werden
- alternativer Strategien entwickeln.

Aufbau der Beziehungsebene!

Wenn 80 % der Kommunikation zwischen Menschen von der Beziehungsebene abhängt, dann sollten wir alle wissen, wie wir eine positive Beziehungsebene aufbauen – bewusst. Das gilt genau so auch im Geschäftsleben. Wie wir das tun können, wird im Folgenden skizziert.

Eine positive Gestaltung der Beziehungsebene erfolgt immer auf zwei Ebenen – verbal und non-verbal. Wenig bekannt jedoch ist vielen Menschen, wie sie die Fähigkeit zu non-verbaler Kommunikation nutzen und einsetzen können.

Wie Sie wissen, schafft Kommunikation und Nicht-Kommunikation immer auch Interaktion, weil Kommunikation oder Nicht-Kommunikation auf Wirkung aus ist.

Wirkung heißt, Wirkung erzielen wollen in Form von Aktion und Reaktion. Manche Menschen gehen sogar so weit, bewusst nicht zu kommunizieren, um eine erwartete Reaktion zu provozieren oder eben auch Macht auszuüben. Eine bekannte Taktik der Manipulation von Menschen, denn wenn jemand nicht kommuniziert, dann machen sich zumindest die verantwortungsvollen Menschen darüber Gedanken, weshalb das so ist. Ob sie entsprechend den Erwartungen reagieren oder nicht, hängt oftmals von anderen Faktoren ab, als man sich vorstellen kann. Nicht zu kommunizieren kann auch ein taktisches Mittel sein, um in einer bestimmten Sache gewinnen zu wollen, gehört zu werden durch die Stille, oder zu strafen oder schlicht Desinteresse! Erst wenn Sie die Motive erkannt haben, können Sie darüber entscheiden, wie Sie reagieren wollen. Das herauszufinden, ist die Schwierigkeit. Ihre Entscheidung und Reaktionen sind dann sehr einfach und schnell.

Bleiben Sie aufmerksam und wachsam: durch welchen Wahrnehmungsfilter betrachten Sie selbst die gestellten Anforderungen und Erwartungen? Achten Sie selbst eher auf Zeichen von Ab-

> WIE SIE WISSEN, SCHAFFT KOMMUNIKATION UND NICHT-KOMMUNIKATION IMMER AUCH INTERAKTION, WEIL KOMMUNIKATION ODER NICHT-KOMMUNIKATION AUF WIRKUNG AUS IST.

lehnung und Versagen oder von Zuwendung, Zustimmung und Erfolg bei Ihrem Gesprächspartner? Durch welchen Filter beurteilen Sie die bereits erbrachten Leistungen? Und welche Filter bevorzugen Ihre Mitarbeiter und Manager? Was glauben Sie über die Welt und was glaubt Ihr Gesprächspartner? Denn das, was Sie glauben, wird sich auf Ihre Kommunikation auswirken.

Was ist der Prozess, eine positive Beziehungsebene aufzubauen? Verschiedene Facetten und Faktoren sind zu bedenken:

- Ein Gespräch auf Augenhöhe und Bereitschaft zur Kooperation ermöglichen: „Wir sind Partner!"
- Wahrnehmen, wie sich der/die andere gerade fühlt
- Pacing & Leading, d.h. tiefen Rapport herstellen, so dass sich die Person wohl fühlt und entspannen kann
- Sachfrage: „Was ist das Thema? Wo stehen wir? Was ist das Problem? Wo wollen wir (!) gemeinsam hin?"
- Gesprächspartner in einen attraktiven Zielzustand führen, d.h. Ziele gemeinsam klären: „Was genau wollen wir erreichen?"!
- Nutzenargumentation aufbauen: „Was sind die Vorteile? Und für wen?"
- Ressourcen erkennen: „Was brauchen wir (sie) zur Lösung des Problems?
- In Fachkreisen so genannter „Öko-check" bzw. die Behandlung von potentiellen Risiken und Einwänden
- Future Pace setzen: „Was genau, macht wer, bis wann?", d.h. einen Aktionsplan erstellen.

Kommunikationsstärke non-verbal!

Die Königsdisziplin in der non-verbalen Kommunikation nennt sich „pacing" und „leading". „Pacing" bedeutet gezielt Rapport herzustellen, d.h. Vertrauen aufzubauen und Möglichkeiten der Kommunikation zwischen zwei Personen herzustellen – non-verbal, nur durch Körpersprache! „Pacing" heißt direkt übersetzt „Schritt halten"! Eine andere, deutlichere Beschreibung wäre „mirroring & matching"! – d.h. Spiegeln und Abgleichen oder Anpassen der Körpersprache.

„Pacing" und „Leading" wird wie folgt definiert:
- Pacing ist das Angleichen des verbalen und non-verbalen körperlichen Ausdrucks an das Ausdrucksverhalten des Gesprächspartners! D.h. das Kopieren von Körperhaltung, Gesten, Mimik, Sprachmuster etc.
- Pacing erzeugt das extrem wichtige Gefühl für jeden, emotional vom anderen angenommen zu sein!
- Pacing schafft – spontan – eine vertrauensvolle Atmosphäre!
- Leading bedeutet Führung des Gegenübers durch das Verändern der eigenen Körpersprache und Ausdrucksverhaltens. Dies ist nur möglich auf Basis eines tiefen rapports!

„Pacing & leading" funktioniert immer: sowohl bei schwierigen Gesprächen als auch bei Interaktionen mit Menschen, die uns sehr fremd sind (z.B. in anderen Kulturen), denn Vertrauen auf dieser Ebene entwickelt schafft wiederum Vertrauen!

Das Spiegeln von Körpersprache liefert uns eine weitaus klarere Vorstellung davon, was unser Gegenüber denkt und fühlt. „Pacing" ist uns tatsächlich angeboren und eine wichtige Fähigkeit in unserem Verhaltensrepertoire. Intuitiv spiegeln wir die Menschen, die uns sympathisch sind, in ihrer Körpersprache. Die wenigsten wissen das. Was passiert, wenn Sie erfolgreich „pacen"?

Der Augenkontakt Ihres Gegenübers wird vermehrt, die Aufmerksamkeit für Sie steigt und die Person fühlt sich wohl in Ihrer Nähe. Blickkontakte verstärken sich, wir übernehmen die Position der Hände, der Beinstellung, dieselbe Gestik beim Zuhören und die selbe Gestik beim Erzählen, die Stimme (Stimmhöhe, Atemfrequenzen etc.) und wir finden auch in den Geschichten, die wir berichten oder zu erzählen haben, die Gemeinsamkeiten. So signalisieren wir Menschen unsere Sympathie. An frisch Verliebten können Sie „pacing" gut beobachten oder an Paaren, die schon sehr lange zusammen sind. Sie sprechen intuitiv die gleiche Sprache – verbal und non-verbal. Die Gemeinsamkeiten werden gesucht und gefunden.

> DAS SPIEGELN VON KÖRPERSPRACHE LIEFERT UNS EINE WEITAUS KLARERE VORSTELLUNG DAVON, WAS UNSER GEGENÜBER DENKT UND FÜHLT. „PACING" IST UNS TATSÄCHLICH ANGEBOREN UND EINE WICHTIGE FÄHIGKEIT IN UNSEREM VERHALTENSREPERTOIRE.

Gleichzeitig erlaubt uns die Fähigkeit zu „pacen" – bewusst angewendet – körperlich direkt wahrzunehmen, was dieser Mensch, der uns gegenüber sitzt oder steht, denkt und fühlt. Mit etwas Übung und je vertrauter Sie mit diesem Menschen sind, desto einfacher geht es. Durch das Spiegeln der Körpersprache unseres Gegenübers entziffern wir intuitiv und auf verschiedenen Ebenen das, was die Person tatsächlich meint oder sagen will, aber nicht sagt. Je öfter Sie „pacing" bewusst trainieren und praktizieren, desto feinfühliger wird Ihre Wahrnehmung werden und desto präziser können Sie auf deren Verhalten reagieren. So gestärkt in der Wahrnehmung von anderen Menschen, erfahren Sie sofort, wer Ihnen etwas vormacht, Sie anlügt, Sie beeindrucken will, Angst vor Ihnen hat oder eifersüchtig ist und wer nicht, also entspannt ist und positiv denkt und fühlt. Sie kommen eines Tages an den Punkt, an dem Ihnen kaum jemand mehr etwas vormachen kann.

Eine weitere Seite des „pacing": wenn zwei sich nicht mögen oder einer die Aussage des anderen nicht akzeptiert, können Sie das ebenfalls sofort an der Körpersprache erkennen durch entferntes Beobachten. Selbst dann, wenn Sie kein Wort mit den beiden gesprochen haben. Sie erkennen den Disput sofort! Dieses Wissen, wie wir „pacen", ist in unserer DNA verankert.

Wenn Sie Abwehr oder Ablehnung in einem Gespräch spüren können, dann schauen Sie sich bewusst und genau an, wie die andere Person diese Abwehr oder Ablehnung sprachlich mit dem Körper ausdrückt. Sie lernen nicht nur viel über diesen Menschen dabei, sondern eine Menge über menschliches Verhalten grundsätzlich. Die gute Nachricht: auf jeder Stufe können Sie einhaken, mit dem bewussten Einsatz Ihrer Körpersprache, und auch mit den richtigen Fragen, die Person wieder zu sich zurückholen.

„Pacing & leading" formal zu erklären und zu verstehen, ist zwar einfach, doch viele haben erst in meinen Trainings richtig verstanden, was wirklich dahinter steckt und welch machtvolles

Instrument es ist. Die negative Variante, also das „nicht pacen" und seine Folgen, werden ebenfalls gezeigt und zwar unmittelbar durch eine entsprechende Übung. Der Effekt ist jedes Mal der Gleiche. Wenn sie in der Praxis damit konfrontiert werden, sind sie über die eigenen Gefühle und Reaktionen so überrascht, dass sie sich schwören, sich niemals mehr bewusst einem Menschen gegenüber so zu verhalten, d. h. nicht zu „pacen". Und die Opfer fühlen sich erst recht schlecht behandelt! Verwirrt, empört, verletzt, betroffen – die ganze Palette an unangenehmen Gefühlen und Reaktionen kommt ans Licht! Und das, obwohl es nur ein Workshop ist, es lediglich eine Aufgabe war, die ich als Trainerin gestellt hatte, die ordnungsgemäß ausgeführt wurde, und das Verhalten des Gesprächspartners tatsächlich nichts mit der jeweiligen Person zu tun hatte.

Das Schöne ist, dass mit diesem Training zum ersten Mal Menschen begreifen können, was wir mit derartigen Verhaltensweisen anderen in Wirklichkeit antun – es fühlt sich schlimmer an, als wir im Vorfeld erwarten. Mit diesem Verhalten dann in der Realität, im täglichen Leben umgehen zu können, ist der nächste Schritt, den es zu lernen gilt. Es steckt also wesentlich mehr hinter „pacing", als sich nur mit dem Körper zu- oder abzuwenden.

„Leading" geht davon aus, dass die Person, die in einem Gespräch das Vertrauen genießt bzw. das Gespräch führt, auch die Führung in der Körpersprache übernimmt. Das können Sie gut in Meetings beobachten. Nicht nur verbal wird gerne das bestätigt, was der Chef sagt, sondern auch non-verbal. Wenn Sie an einem Meeting teilnehmen, in dem Sie niemanden kennen, beobachten Sie nur, wer zuerst die Körpersprache wechselt und wer der Gestik folgt. Und Sie werden wissen, wer der Chef ist.

„Gepaced" werden:
- Körperhaltung
- Mimik
- Gestik (Sprachgesten, Zuhörgesten)

- Stimmqualität (Lautstärke, Druck, Rhythmus, Tempo)
- Atemrhythmus
- Blinkreflex der Augen
- Augenbewegungsmuster (visuell, auditiv, kinästhetisch)
- Sprachmuster
- Lieblings- und Schlüsselworte

Noch eine Punkt zu Sprachgesten und Zuhörgesten. Sprachgesten zu pacen heißt, die Sprachgesten (zum Beispiel eine bestimmte Handbewegung) Ihres Gegenübers zu beobachten und dann in Ihre eigene Gestik mit einzubauen, wenn Sie selbst sprechen – nicht vorher. Ihr Gesprächspartner fühlt sich erst dann von Ihnen verstanden und ist bereit, sich weiter zu öffnen. Genau so verhält es sich mit den Zuhörgesten. Sie zu „pacen" heißt, die Zuhörgestiken (zum Beispiel Kopf neigen oder nicken) Ihres Gegenübers zu beobachten und dann in Ihre eigene Zuhörgestik mit einzubauen (also ebenfalls den Kopf zu neigen oder zu nicken, wenn Sie selbst zuhören).

Kommunikationsstärke – verbal!
Zu einem erfolgreichen Gespräch im persönlichen und geschäftlichen Bereich, bei Vorträgen, egal wie groß der Kreis, gelten immer ganz einfache Regeln, um eine positive Beziehungsebene aufzubauen.
- Respektvolle Anrede, freundliche Ausstrahlung, Wertschätzung geben
- Offene Körpersprache
- Sich auf den anderen einstellen, d. h. Interesse zeigen durch offene Fragen
- Aktiv zuhören
- Immer positives Feedback geben
- Anerkennung geben
- Bedürfnisse befriedigen

Diese Struktur ist uns weitestgehend bekannt.
Doch was sind die Grundlagen, die bei der Analyse der Sachebene unterstützen und die gleichzeitig es fertig bringen, Menschen

auf der Beziehungsebene zu begegnen und sie in ihrem Denken und Handeln zu verändern, falls es notwendig wird?

Der erste Schritt ist, sich von der Annahme und dem Konzept im Kopf zu lösen, das da heißt „ich muss besser erklären, damit mich mein Gegenüber versteht und begreift, was ich meine!" oder „ich muss mich richtig präsentieren, damit mein Kunde versteht, was ich/wir alles Gutes für ihn oder das Unternehmen tun können!" oder „ich brauche nur die richtigen Argumente dagegen zu halten und dann wird er schon einsehen, was gemeint ist und warum!"

Falsch. Es ist die Technik des Fragestellens, d. h. die richtigen Fragen zu stellen, die Sie unterstützen werden, den Kunden nicht nur besser zu verstehen! Ein weiterer positiver Effekt ist, dass der Kunde sich besser verstanden fühlt, allein durch die Tatsache, dass Sie Fragen stellen und sich für ihn interessieren. Sie wechseln den Fokus – von sich auf Ihr Gegenüber – und damit die Perspektive, die notwendig ist, um neue Erkenntnisse zu gewinnen.

Menschen fühlen sich ernst genommen, wenn Sie echtes Interesse zeigen. Das Prinzip der Neugierde liefert den Schlüssel für kreative Problemlösungen und den zwischenmenschlichen Kontakt im Business und im Management. Jede Weiterentwicklung, jedes Wachstum wird initiiert durch eine neue Frage. Die Art der Fragen verändern den Fokus. Ändern die Denkrichtung, oft auch das Ziel.

Indem Sie fragen und nachfragen und indem Sie zuhören! Nichts Neues in der Welt der Motivationstechniken. Trotzdem wird das Instrument des Fragens, um ein tieferes Verständnis zu erlangen viel zu wenig genutzt! Deshalb wird diesem zweitwichtigsten Instrument in der Kommunikation in diesem Buch mehr Platz eingeräumt als sonst üblich. Die Wirkung von unterschiedlichen Fragen werden Sie verstehen, wenn Sie erleben, in welcher Breite und Tiefe Ihr Gesprächspartner plötzlich antwortet. Sie werden neue Welten kennen lernen und mit Sicherheit Wahlmöglichkeiten gemeinsam erarbeiten.

> **DAS PRINZIP DER NEUGIERDE LIEFERT DEN SCHLÜSSEL FÜR KREATIVE PROBLEMLÖSUNGEN UND DEN ZWISCHENMENSCHLICHEN KONTAKT IM BUSINESS UND IM MANAGEMENT. JEDE WEITERENTWICKLUNG, JEDES WACHSTUM WIRD INITIIERT DURCH EINE NEUE FRAGE.**

1. Fragetechniken: Stellen Sie die richtigen Fragen!

Beginnen Sie mit den berühmten und Ihnen sicher bekannten „W"-Fragen, die man sich deswegen leicht merken kann und die bei der Analyse der Sachebene helfen. Das Geheimnis erfolgreicher und umfassender Analyse ist in die Tiefe zu gehen, nachzuhaken und um Präzision des Gesagten/Behaupteten zu bitten. Sie finden Fragen für kreative Problemlösungen, für erfolgreiche Zusammenarbeit und erfolgreiche Beziehungen aufzubauen und für die Motivation von Mitarbeitern, Managern und Team-Mitgliedern!

Fragen, was für Person... das Wichtigste ist!

1. Auf einer Skala von 1 (schlecht) bis 10 (sehr gut) bewertet, wie geht es Ihnen heute?

2. Wie sind Sie dorthin gekommen (Zahlenwert auf der Skala)?

3. Was sind Ihre drei größten Stärken?

4. Kompetenz-/Ressource-Fragen bezogen auf ein vergangenes Erfolgserlebnis: Wie haben Sie das gemacht? Wie haben Sie das herausgefunden?

5. Was sind Ihre gegenwärtigen Ziele in Ihrem persönlichen und in Ihrem beruflichen Leben?

6. Was passiert im Augenblick Positives und Schönes, über das Sie sich sehr freuen?

7. Auf welche Art und Weise würden Sie im Augenblick mehr Energie in Ihrem Job erhalten?

Fragen, was für Person... das Wichtigste ist!

8. Was wäre Ihre Wunschkarriere im Unternehmen, wenn Sie die Wahl hätten, alles das tun zu können, was Sie möchten?

9. Bei allem, was Sie durchmachen, wie schaffen Sie es, durchzuhalten bzw. weiter zu machen?

10. Was könnten Sie im Augenblick für sich selbst tun, um finanziell mehr Frieden zu finden? Nennen Sie nur eine einzige konkrete Möglichkeit – außer Gehaltserhöhung!

11. Wenn Sie auf Ihr Privatleben und Ihr Berufsleben zurückschauen, für was möchten Sie am Liebsten anerkannt werden? Nennen Sie drei Ereignisse jeweils!

12. Wer in Ihrem Leben sollte mehr Wertschätzung und Anerkennung erhalten?

13. Auf was sind Sie stolz in Ihrem Berufsleben?

14. Wenn Ihre Beziehungen zu Kollegen, Mitarbeitern oder Freunden ideal wären, was genau wäre oder müsste dann anders sein? Nennen Sie nur eine einzige Eigenschaft!

Fragen, die die Einschätzung von Job und Leistung betreffen!

1. Denken Sie, dass Ihr Job/Ihr Projekt wichtig ist für das Unternehmen? Weshalb?

2. Denken Sie, dass Sie genug Anerkennung für die Arbeit und die Performance bekommen?

3. Sind Sie stolz auf das Unternehmen, für das Sie arbeiten und für den Beitrag, den Sie leisten im Unternehmen?

4. Wie verstehen Sie sich und die Team-Mitglieder untereinander? Stimmt die Beziehungsebene?

5. Haben Sie sichergestellt, dass Sie genug Zeit für Gespräche und Diskussionen mit Ihren Mitarbeiter haben?

6. Haben Sie regelmäßige Gespräche unter vier Augen mit Ihren Mitarbeitern, um schnell Herausforderungen zu eruieren und gegebenenfalls helfen zu lösen, bevor es große Probleme werden?

7. Nutzen Sie regelmäßig die Gelegenheit, um Leistungen direkt zu loben?

Fragen zur Lösung eines Problems!

1. Was ist das Problem? Wie kann es treffend beschrieben werden?

2. Was ist gut an dem Problem?

3. Was sind die Konsequenzen für den Bereich/das Unternehmen?

4. Im Vergleich ... zu wem ... zu was ...

5. Wann trat es zum ersten Mal auf und wo?

6. Wen betrifft das Problem?

7. Wie kommen Sie an das Wissen heran, dass Sie jetzt brauchen, um das Problem bestmöglich zu analysieren?

Fragen zur Lösung eines Problems!

8. Was muss noch recherchiert werden, um den nächsten Schritt zu tun?

9. Mit wem können/müssen Sie sprechen, um das Problem zu lösen?

10. Wie kann das Problem gelöst werden? Welche Optionen gibt es?

11. Wann wissen Sie, dass das Problem gelöst ist?

12. Was sind Ihre Bewertungsmassstäbe, Kriterien ... ?

Fragen zur Lösung eines Problems!

13. Woran merken Sie, dass Sie Ihr Ziel/Ergebnis erreicht haben?

14. Was hält Sie davon ab ... ?

15. Was befürchten Sie ... ?

16. Was bedeutet Ihnen das Erreichen des Ziels ... ?
    Was ist der Nutzen für Sie, das Team und/oder das Unternehmen?

17. Was passiert bzw. was wird es Sie kosten, wenn Sie nichts tun und das Problem ignorieren?

Fragen, um neue Perspektiven einnehmen zu lassen!

1. Beispiel:
„Ich will X, aber Y verhindert es! Ich will X nicht, aber Y zwingt mich dazu!"
- Hinterfragen Sie die Zusammenhänge, die Befürchtungen und die Bedeutungen!
- Lassen Sie Handlungsalternativen und Wahlmöglichkeiten entwickeln durch folgende Fragen:
    - „Wie genau hindert Sie Y daran, X zu tun!"
    - „Wie genau zwingt Y Sie dazu, X zu tun?"
    - „Was befürchten Sie, wenn Sie X doch tun?"

2. Beispiel:
„Ich muss X tun, sonst passiert Y!"
Falls es nicht den Fakten entspricht, ist die Aussage die Bestätigung eines Glaubenssatzes, also einer Überzeugung jenseits der Fakten! Wenn jemand aus dem Glaubenssatz heraus argumentiert ist typischerweise die Welt der Fakten ganz klein und die Welt der Bedeutungen dagegen sehr groß.
- Hinterfragen Sie die Kausalzusammenhänge, die Befürchtungen und die Bedeutungen genau!
- Helfen Sie, neue Perspektiven einzunehmen und Wahlmöglichkeiten zu denken:
    - „Wenn Sie X tun, wird Y nicht geschehen?"
    - „Wenn Sie X nicht tun, geschieht unweigerlich Y?

Generelle Fragen, die die Perspektive verändern!

1. Was können Sie aus der Situation lernen?

2. Wie könnten Sie die Situation sofort ändern und dabei Spaß am Prozess haben?

3. Was ist bereits gut und was könnten Sie besser machen?

4. Welche Vorteile hat/haben ... Sie selbst, Team, Divison, Region, Kunden, Kunden-Zielgruppen ... ?

5. Wenn Sie selbst ein externer Coach wären, was würden Sie aus der Sicht des Coach raten?

6. Wenn ein Freund in der gleichen Situation wäre, was würdest Sie ihm raten zu tun?

Generelle Fragen, die die Perspektive verändern!

7. Was ist wertvoll an der augenblicklichen Situation und die Auseinandersetzung damit?

8. Was ist Ihre bevorzugte Art, sich selbst und Ihre Ziele zu sabotieren?

9. Was sollte ich zu Ihnen sagen, wenn ich Sie in der augenblicklichen Situation beobachte?

10. Auf welche Art und Weise ist die augenblickliche Situation absolut perfekt für Sie?

11. Was würde sonst passieren ... ?

12. Was würden Sie anderes tun, wenn das Problem, das Sie derzeit haben, nicht mehr vorhanden wäre?

> **Ausnahmen abfragen!** Um eine noch präzisere Beschreibung einer Situation zu ermöglichen, ist die Abfrage von Ausnahmen sehr hilfreich.

1. *Was ist anders, wenn das Problem nicht auftaucht oder auftauchen wird?*

2. *Was ist anders, wenn Sie folgendes zur Problemlösung beigetragen haben/erreicht haben?*

3. *Gibt es neue Aspekte, die es zu bedenken gilt?*

4. *Gibt es alternative Möglichkeiten, die einsetzbar sind?*

5. *Gibt es einen anderen Kontext, der als Interpretation möglich wäre?*

6. *„Woher wissen Sie dass das X ... Y ... bedeutet?"*

4 Fragen, die eine erfolgreiche Zusammenarbeit und positive Beziehungen schaffen!

1. Wenn wir uns heute in 1 Jahr treffen würden, was müsste in diesen 12 Monaten passiert sein, dass Sie glücklich sind über die persönliche Weiterentwicklung und die gemeinsame Zusammenarbeit?

2. Was sind die größten Gefahren oder Schwierigkeiten, die Sie sehen, die auf uns zukommen werden und die wir meistern müssen?

3. Was sind die größten Chancen, die Sie/wir haben, auf die Sie/wir uns konzentrieren sollten?

4. Welche vorhandenen Stärken werden Sie verstärken und welche Fähigkeiten wollen Sie weiter entwickeln oder lernen, um die möglichen Chancen zu ergreifen?

2. Konflikte und Einwandbehandlung

Wenn Konflikte immer nur sachbezogen wären, dann wären es keine Konflikte zwischen zwei Menschen, sondern ein Problem, das in der Sache zügig gelöst werden kann. Konflikte entstehen fast immer auf der Beziehungsebene durch die persönliche Wahrnehmung, der Beurteilung bzw. Interpretation von spezifischen Situationen. In einer Konfliktsituation oder in einem Konfliktgespräch ist es daher notwendig herauszufinden und damit nachzuvollziehen, „an welchem Bahnhof" steht gerade mein Gesprächspartner. Die oben genannten Fragetechniken sind selbstverständlich dazu geeignet, das genau herauszufinden, um Problemfelder genauer zu betrachten. Vor allem initiieren sie den Suchprozess nach Lösungen. Sie stimmen den Befragten positiv ein! Dann sind konstruktive Diskussionen aus einem anderen Blickwinkel möglich und führen schneller zur Lösung und zum Ziel!

Im direkten Gespräch geht es immer nur um Sie und die andere Person Ihnen gegenüber. Niemand anders.
Es gilt, die Repräsentanz des Gesprächspartners zu verstehen, das heißt die äußere Situation (was passiert wie?) und die innere Situation (was geht in seinem und Ihrem Kopf ab?).
Die äußere Situation kennzeichnet die Zahlen, Daten und Fakten. Menschen kommunizieren Tatsachen oft als Problem! Wichtig ist, solange nachzuforschen, bis Sie zu dem wirklichen Thema kommen: „... und was ist dann daran das Problem?" Wenn das Problem klar und konkret definiert ist, ist die Lösung praktisch auf dem Tisch.

> Es gilt, die Repräsentanz des Gesprächspartners zu verstehen, das heisst die äussere Situation (was passiert wie?) und die innere Situation (was geht in seinem und Ihrem Kopf ab?).

Zu erkunden, was die innere Situation/sein Modell der Welt ist, sind Fragen geeignet wie zum Beispiel:
- Woran merken Sie, dass ...?
- Was bedeutet ...?
- Was macht ... mit Ihnen?
- Wie geht es Ihnen dabei, wenn ...?
- Was bedeutet ... für Sie?
- Worin zeigt sich, dass ...?

Stellen Sie Fragen ohne Ihre eigenen Interpretationen und möglichen Unterstellungen.

Konflikte können gemanagt werden, wenn
1. sie frühzeitig erkannt werden und eine angemessene Reaktion erfolgt, das heißt ...
   - erforschen, wo befindet sich gerade Ihr Gesprächspartner!
   - nachfragen: Was fehlt? Was stattdessen? Informationen?
2. Einwände auf der Beziehungsebene (Störung im zwischenmenschlichen Kontakt) festgestellt werden durch die Körpersprache, die eindeutig die Signale setzt: verschlossene, ablehnende Einstellung und Körperhaltung trotz Argumentation auf der Sachebene. Das heißt als Antwort auf die Frage „wie gehe ich damit um?":
   - Versöhnungsphysiologie: Pacing!
   - Sich auf den anderen einstellen:
     - Interesse signalisieren, den ersten Schritt machen
     - positive Absichten erkennen lassen
   - positive Wahrnehmungsfilter einsetzen
   - Ich-Botschaften formulieren
   - Flexibilität in der Einstellung zeigen, das heißt es gilt sowohl als auch, statt entweder – oder!
   - Bei anhaltendem Widerstand: das Verhalten aus Ihrer Sicht beschreiben und das Thema offen ansprechen!

3. Einwände auf der Sachebene sind Diskrepanzen auf der inhaltlichen Ebene! Das heißt als Antwort auf die Frage „wie gehe ich damit um?":
   - den Prozess der Ziel orientierte Gesprächsführung anwenden und intelligente Fragen stellen:
     - Was brauchen wir/Sie noch, damit es funktioniert?
     - Was wäre die beste Lösung für das Problem?
     - Wenn es so nicht geht, was schlagen Sie stattdessen vor?
     - Welche Informationen fehlen noch? Wo bekommen wir sie her?
   - Alternative Szenarien diskutieren: „Angenommen, ...!"

Menschen werden durch positive Kommunikation extrem motiviert, das heißt durch den Enthusiasmus, den Sie zeigen, durch Ihre Begeisterung, die gute Laune, die Sie haben, Sätze, die bevorzugt positiv formuliert werden!

Alles das steckt an und hilft Menschen, sich so zu verhalten und zu kommunizieren, dass sie wiederum andere in den Bann ziehen. Engagement und Freude am Arbeitsplatz führen definitiv zu besseren Ergebnissen für alle Beteiligten.

Vom Mit-Arbeiter zum Mit-Unternehmer!

Risk and Responsibility!
Risikobereitschaft, Verantwortung zulassen!

*„A ship in harbour is safe,
but that is not what ships are built for!"* — WILLIAM SHEDD

Mit zu den wichtigsten Führungsaufgaben einer Führungskraft gehört es, die Eigeninitiative von Mitarbeitern zu entwickeln und ihre Entscheidungs- und Handlungsfähigkeit zu unterstützen bzw. zu stärken.

Wenn Menschen in ihrem Beruf eigeninitiativ handeln dürfen, also das tun können, wofür sie sich selbst entscheiden, dann sind sie, ist jeder, über alle Maßen engagiert. Passion for Excellence! Das Adrenalin steigt, Anspannung, Nervosität und Vorfreude wechseln sich ab. Man weiß genau, dass einem der Erfolg ganz allein gehören wird und der Misserfolg ebenfalls ganz persönlich, dass man allein in die Verantwortung genommen werden wird. Manche können regelrecht süchtig werden nach diesem Adrenalinschub, dieser Energie, die einen hilft, über sich selbst hinaus zu wachsen.

> **Um Mitarbeiter oder Manager zu motivieren, helfen Sie ihnen, ihr Bestes zu geben und weiter zu wachsen, zu lernen.**

Ausreden, Schuldzuweisungen oder andere Ablenkungsmanöver werden nicht möglich sein.
Um Mitarbeiter oder Manager zu motivieren, helfen Sie ihnen, ihr Bestes zu geben und weiter zu wachsen, zu lernen. Enthusiasmus und Engagement korrelieren immer mit exzellenter Performance. Helfen Sie ihnen, das zu erreichen! Möglicherweise Schritt für Schritt, ihnen mehr und mehr Entscheidungsfähigkeit, Gestaltungsfreiraum und Handlungsbefugnis zu geben, verbunden mit der persönlichen Verantwortung über Erfolg oder Misserfolg. Wenn es darum geht, Mitarbeiter in ihrem tiefsten Innern zu motivieren, lautet die wichtigste Regel, sie in ihrem Job das tun zu lassen, als würden sie es nur für sich selbst tun.

Es ist diese unternehmerische Freiheit und das Risiko, das das Beste in einem Menschen entfacht: seine Talente, sein Potential, seinen Mut und die Bereitschaft, Außergewöhnliches zu leisten. Und Überstunden oder andere Anstrengungen werden nicht mehr minutiös gegen Geld aufgerechnet.

>"LEARN THE RULES FIRST AND THEN BREAK THEM PROPERLY"
>DALAI LAMA

Entscheidend, diese Risiken einzugehen, ist die Chance zu bekommen, genau auch das durchführen zu können, wofür sich die Person entschieden hat. Der Mitarbeiter, der Manager oder das Mitglied in einem Team, nicht jemand anders. Deshalb heißt Risikobereitschaft heutzutage: neue Ideen entwickeln, Neues wagen, das mögliche Scheitern im Vorfeld abwägen und alternative Szenarien durchdenken, die Konsequenzen kennen – und in Kauf nehmen! Es gilt, neue Ideen und Innovationen für Menschen auf dieser Welt zu erschaffen.

„Learn the rules first and then break them properly." Dalai Lama

Um Mitarbeitern und Managern Risiko und Verantwortung zu übertragen, brauchen Sie als Vorgesetzter in erster Linie Vertrauen. Eine weitere Regel heißt Autorität übertragen: das heißt, zu der übertragenen Verantwortung für ein Projekt oder Bereich gehört es auch, diese mit Autorität zu verknüpfen, d. h. die jeweilige Entscheidungsgewalt dazu zu geben. Ohne die Autorität, auch die Entscheidungen treffen zu können, übertragen Sie keine echte Verantwortung.

>OHNE DIE AUTORITÄT, AUCH DIE ENTSCHEIDUNGEN TREFFEN ZU KÖNNEN, ÜBERTRAGEN SIE KEINE ECHTE VERANTWORTUNG.

Geben Sie ganz klar Entscheidungsfreiräume, je größer desto besser. Klare Absprachen, wer welches Risiko und die Verantwortung trägt, sind zwingend notwendig. Verweigern Sie die Delegation von Verantwortung nach oben und weisen auf die gegebene Entscheidungsfähigkeit und die übertragene Verantwortung hin. Denn auch das ist eine wichtige Aufgabe einer Führungskraft.

Lassen Sie sich nicht dazu verführen, die Entscheidungen für Ihre Mitarbeiter zu fällen, auch wenn diese das so gerne hätten.

Lassen Sie die Entscheidungen und die Verantwortung bei ihnen und nehmen Sie sie in die Pflicht. Geben Sie Anerkennung bei Erfolg so wie beispielhaft im vorigen Kapitel beschrieben, denn diese Person hat es wirklich verdient.

Eine nächste wichtige Regel lautet Gemeinsamkeit! Verantwortung übertragen impliziert auch, die wichtigsten Ziele gemeinsam zu vereinbaren und davon auszugehen, dass Ihre Leute wissen, wie sie diese erreichen können. Wenn Sie Ziele einfach ansagen und schlimmstenfalls noch dazu die Strategien vorgeben, dann fordern Sie Gehorsam und berauben sich um die Fähigkeiten Ihrer Mitarbeiter.

Eine weitere Regel lautet Committment: das heißt, sich an die gemeinsam besprochenen Ziele und Strategien halten (!) und frühestens erst nach 6 Monaten, besser 1 Jahr, ändern. Das liest sich so selbstverständlich, ist es aber nicht. Besprochene Ziele werden immer dann gerne verworfen, wenn der übernächst höhere Vorgesetzte ganz andere Ideen hat und diese kundtut, ohne sich mit seinen direkten Managern vorher abzusprechen. Mir ist es unverständlich, weshalb sich Manager nicht zuerst darüber informieren, welche Ideen ihre Vorstände oder Board of Directors haben und sich erst dann mit den Mitarbeitern und Teams besprechen. Eine Frage holistischen Denkens und Arbeitens in Netzwerken.

RISIKOBEREITSCHAFT GILT ES NICHT NUR ZU ÜBERNEHMEN, SONDERN ZUZULASSEN UND ZUZUMUTEN!

Eine weitere Regel, um Mitarbeitern und Managern die Chance zu geben, erfolgreich zu sein, ist: kein Einmischen, kein Micro-Management, sondern vorzugsweise lediglich Input geben, wenn Sie gefragt werden. Risikobereitschaft gilt es nicht nur zu übernehmen, sondern zuzulassen und zuzumuten!

Strategien und Konzepte sind wertlos, wenn sie nicht gewagt werden! Mut, etwas zu tun, ist der Schritt zur Veränderung, zu Erfolg oder Misserfolg. Das heißt springen, manchmal auch ohne Netz und doppelten Boden. Sonst brauchen Sie keinen Mut. Sich den eigenen Dämonen stellen, gegen Angst, die vermeintlichen und realen Widerstände überwinden lernen, gegen was auch immer! Mut wandelt Ihre Gedanken und Ideen in Aktion, ermöglicht alles Neue. Mut ist immer Handeln in Unsicherheit! Immer. Erklären Sie das Ihren Mitarbeitern und Führungskräften!

"People cannot discover new lands until they have the courage to lose sight of the shore." André Gide

> „PEOPLE CANNOT DISCOVER NEW LANDS UNTIL THEY HAVE THE COURAGE TO LOSE SIGHT OF THE SHORE."
> ANDRÉ GIDE

Die Analyse und das Abwägen von Chancen und Risiken von Szenarien sind unsere Hausaufgaben. Das bekannte „Schmerz" gegen „Freude" abwägen und den Preis, den es zu zahlen gilt. Wir handeln in solchen Situationen immer unter Angst und unserer innerer Kritiker verstärkt das Gefühl noch. Der dänische Philosoph Sören Kierkegaard, eine Experte zum Thema Angstanalyse, sagt folgendes:

- **Angst generiert Wissen:** Angst ist etwas Natürliches. Angst ist ein tief sitzendes Gefühl, das die Wahrheit über uns selbst ins Bewusstsein holt. Die Angst aber zeigt uns den Weg zu unserer wirklichen Wahrheit, unserer inneren Freiheit: die eigene Persönlichkeit zu wählen, die wir wirklich sind und die unsere Welt definiert.
- **Angst führt zu Aktion:** Kierkegaard schrieb, dass die größte Verzweiflung eines Menschen daher kommt, dass er nicht die Person darstellt oder sein kann, die er wirklich ist – also möglicherweise jemand anders ist. Das Gegenteil davon, die Person zu sein, die er ist. „It is choosing life in the face of death; it is the experience of thought becoming action, reflection becoming behaviour, and theory becoming practice."
Angst ist pure Energie!
- **Angst ist die Erfahrung von Wachstum, Weiterentwicklung.** Immer wenn jemand etwas Neues erlebt, von einer Entwicklungsstufe zur nächsten geht, fühlt man sich ängstlich. Angst, die vermieden wird, die abgelehnt bzw. versteckt wird, macht krank. Angst, der voll ins Auge geschaut wird, befreit. Verwandelt sich in Stärke, Sicherheit, Charakter und Selbstvertrauen.

*„Everyone has a talent. What is rare is the courage
to follow the talent to the dark place where it leads".*   Erica Jong

Unsere Angst dirigiert das Maß an Gestaltungsfreiraum, das wir uns selbst und anderen zugestehen. S. Freud
„Wir schränken unser Leben und unsere Potentiale ein, so dass wir unsere Angst ebenfalls limitieren können, unter Kontrolle haben. Wir begrenzen freiwillig unsere Fähigkeiten, kreativ zu denken und zu handeln, weil wir die Angst begrenzen wollen, die zwangsläufig damit einhergeht. Damit lässt es sich etwas leichter leben."

„Everyone has a talent. What is rare is the courage to follow the talent to the dark place where it leads".
Erica Jong

Es gibt viele Wege, mit Angst umzugehen bzw. sich ihr ganz zu stellen. Es ist etwas Gutes, wenn man sich selbst oder andere eben an die vermeintlichen Grenzen des eigenen Handelns und Denkens führt. Die Selbstbeschränkungen aus Angst vor Versagen oder dessen, was wir zu verlieren glauben, begrenzen das Ausagieren des vollen Potentials. Ziel ist es, Mitarbeiter und Führungskräfte sich so entfalten zu lassen und weiter zu entwickeln, dass sie ihr Potential tatsächlich leben und einbringen dürfen. „Mach Dein Ding!" als Anweisung und Erwartungshaltung. Helfen Sie, dass über Risiken gesprochen werden kann und dass sich über die Evaluierungskriterien jeder im Klaren ist. Klarheit und Transparenz reduziert Angst und steigert die Risikobereitschaft und die Übernahme von Verantwortung.

1. Kunden, Besucher und Klagende!
Typisches Rollenverhalten bei Problemen oder Konflikten signalisiert die Bereitschaft, Verantwortung und Risiko zu übernehmen oder eben nicht. Vergleiche zwischen der Praxis im Coaching und täglicher Managementpraxis sind offensichtlich. Sehr brauchbar, konkret transferierbar und anwendbar ist das Modell von Steve de Shazer (Systemtheoretiker, Vertreter lösungsorientierter Ansätze), der das Verhalten von zu coachenden Personen klassifiziert hat. Es gibt bestimmte Denkmuster, die die passenden Kommunikationsmuster direkt mitliefern, die offensichtlich immer wieder kehren und woran Sie sie erkennen können. Steve de Shazer grup-

piert drei verschiedene Typen mit nahezu klassischem Rollenverhalten und bezeichnet sie als „Kunde, Besucher, Klagende".

So genannte „Kunden" kommen zu einem Gespräch immer mit einem konkreten Ziel, einem Veränderungswunsch oder wichtigen Fragen, die sie beantwortet wissen wollen. „Kunden" sind der Meinung, dass sie selbst einen hohen Anteil an der Entstehung oder Aufrechterhaltung des Problems haben. Sie übernehmen Verantwortung und sind ergebnisorientiert. Über solche „Kunden" freut sich jeder, vor allem Manager und sie werden von jeder Führungskraft mit offenen Armen begrüßt. Mit „Kunden" zu arbeiten oder sie zu führen ist ein leichte Aufgabe und macht Freude. Sie sind extrem motivierend für Sie selbst und alle anderen im Team. Positive Ergebnisse und Erfolge sind sicher. Wenn Sie solche Mitarbeiter und Manager im Team haben, wird Führung und der Managementjob zu einer wirklich interessanten und Erfolg versprechenden Aufgabe.

> So genannte „Kunden" kommen zu einem Gespräch immer mit einem konkreten Ziel, einem Veränderungswunsch oder wichtigen Fragen, die sie beantwortet wissen wollen.

„Besucher" zu führen ist da schon ein etwas schwierigeres Unterfangen. „Besucher" nehmen sich keine Ziele vor oder setzen sich auch nicht mit Veränderungswünschen auseinander. Geschweige denn, dass sie sie lautstark kommunizieren. „Besucher" halten sich zurück. Sie sind sprichwörtlich auf der Durchreise. Sie haben objektiv gesehen zwar ein Problem zum Beispiel in ihrer Abteilung, subjektiv haben sie jedoch keins und sehen deshalb keinen Handlungsbedarf. Die Eigenmotivation fehlt, Probleme werden nicht initiativ angegangen. „Besucher" wollen vor allem Ärger und Konfrontation vermeiden. In Teammeetings verstecken sie sich eher als dass sie auftreten und ihre Meinung vertreten. Steve de Shazer arbeitet überhaupt nicht mit „Besuchern". Er hat sie freundlich wieder nach Hause geschickt. Als Manager und Führungskraft ist das leider nicht so einfach wie in der täglichen Coachingpraxis.

> „Besucher" nehmen sich keine Ziele vor oder setzen sich auch nicht mit Veränderungswünschen auseinander. Geschweige denn, dass sie sie lautstark kommunizieren.

Wir können unsere so genannten mitarbeitenden „Besucher" nicht ignorieren. Erstens sind sie ja trotz ihres Verhaltens loyale Mitarbeiter, aber zweitens werden so Probleme verschleppt und die Folgen sind möglicherweise dann noch größer. Folgende Strategien empfehlen sich im Umgang mit „Besuchern":

- Konfrontieren Sie mit dem Problem und zeigen Sie oder lassen sich von dem „Besucher" die Konsequenzen für Nicht-Handeln aufzeigen.
- Lassen Sie klare Zielabsprachen formulieren!
- Sprechen Sie mit dem „Besucher", wie er/sie sich die Realisierung der Ziele vorstellt. Fragen Sie nach Strategien und Konzepten.
- Fragen Sie, welche Erfolgskriterien gelten sollen, an denen er/sie gemessen werden kann.
- Es gilt, Fakten auf den Tisch zu legen und sich nicht mit ungenauen Informationen oder Konzepten zufrieden zu geben.
- Regelmäßig die Ergebnisse nach zu verfolgen und zu diskutieren zwingt den „Besucher", Risiken einzugehen, Verantwortung zu übernehmen und sich zu disziplinieren.

So lernen „Besucher" Schritt für Schritt, sich mit Zielen zu identifizieren, sich zu verpflichten und mit regelmäßigen Feedback-Schleifen und Evaluierungen von Ergebnissen lassen sie sich auch aus der Reserve locken. So bauen Sie Vertrauen auf und eines Tages werden aus „Besuchern" dann „Kunden"!

> **„KLAGENDE" SIND KLAR BEI DER ZIELFORMULIERUNG, ABER WEIGERN SICH, SICH SELBST ALS TEIL DES PROBLEMS ZU SEHEN, DAS SIE HABEN.**

Anders ist es, wenn ein „Klagender" zu dem Mitarbeiter- oder Managerstab gehört. „Klagende" sind klar bei der Zielformulierung, aber weigern sich, sich selbst als Teil des Problems zu sehen, das sie haben. Sie machen in der Regel andere Personen oder äußere Umstände für die Entstehung des eigenen Problems verantwortlich. Entsprechend beharren sie darauf, dass sich die Umstände oder die anderen ändern, aber nicht sie selbst. Anderen die Schuld zuzuweisen ist einer der gravierenden Verhaltensfehler in Unternehmen. Ob aus Angst vor der Blamage, aus Angst vor Strafe, aus falsch verstandenem Ehrgeiz, aus Selbstmitleid, mit dem Finger auf andere zeigen ist als Verhaltensweise indiskutabel und nicht verhandelbar. Schuldzuweisungen gehört auch zu den Verhaltensweisen, die in jedem Fall der Person voll bewusst sind. Hier werden keine Fehler unabsichtlich oder unbewusst gemacht, sondern sie fühlen sich nicht betroffen, auch noch im Recht und versuchen abzulenken.

Schuldzuweisungen bzw. mit dem Finger auf jemanden oder die Umstände zu zeigen ist in anderer Form zu kommunizieren, dass man eigentlich selbst erfolgreich ist (... und alles getan hat ...) und deshalb Anspruch auf Lob und Anerkennung hat. Das Bild gehört zum eigenen Unfehlbarkeitsimage und das darf in keinem Fall angekratzt werden. Menschen, die in ihrem tiefsten Innern davon überzeugt sind, dass sie unfehlbar sind, werden einen Teufel tun, auf die Idee zu kommen, dass sie es selbst waren, die etwas vermasselt haben oder sie zumindest eine Teilschuld trifft. Als Vorgesetzter sowieso. Wenn ein solcher Verhaltensfehler praktiziert wird von einem Vorgesetzten, der verantwortlich ist für Mitarbeitern und Managern, dann wird es für die Mitarbeiter wirklich schwierig, dieser Führungskraft den gebührenden Respekt entgegen zu bringen. Die Mitarbeiter werden die Integrität, die Loyalität und Zuverlässigkeit des Vorgesetzten anzweifeln, darüber im Flur und in der Kantine diskutieren und man wird diesen Manager verlassen, erst innerlich, dann äußerlich. Die Sache wird dadurch nicht besser, wenn der Vorgesetzte selbst einen Vorgesetzten hat, der genau so denkt und sich verhält. Im Zweifel ist man als Mitarbeiter in dem falschen Unternehmen.

Steve de Shazer hat in seinen Coachingsitzungen folgendes gemacht:
- positives Verhalten und Aussagen wurden mit Aufmerksamkeit und Zuwendung belohnt
- Klagen und Schuldzuweisungen des „Klagenden" werden völlig ignoriert. Sobald die Person damit anfängt, vermeiden Sie jeden Blickkontakt und schalten in der Kommunikation selbst auf Kühlschranktemperatur, d.h. reagieren Sie nur kurz oder besser gar nicht auf Gesagtes. Geben Sie keine Aufmerksamkeit oder zeigen gar Interesse in Form von Beschwichtigungen oder sich alles im Detail erklären lassen. Einfach keinen direk-

ten Kontakt im Gespräch mehr herstellen, wenn der „Klagende" klagt. Reagieren Sie erst dann positiv auf diesen Menschen und was er sagt, wenn er etwas Positives oder Konstruktives äußert. Und bestätigen Sie ihn darin, in dem Positiven. Er wird sein Verhalten und seinen Kommunikationsstil Schritt für Schritt korrigieren. Ein „Klagender" braucht unbedingt die Aufmerksamkeit und den Zuspruch.

Für „Klagende" und „Besucher" gilt gleichermaßen:
- Ziele formulieren lassen und die Erfolgskriterien,
- sich daran messen lassen,
- sich dazu verpflichten,
- ernsthafte Diskussionen über die Verantwortlichkeiten im Vorfeld,
- klare Aufgabenbeschreibungen,
- deutliche inhaltliche Abgrenzung der Aufgaben und Verantwortlichkeiten zu anderen Personen
- immer klare und eindeutige Kommunikation,
- Komplimente und Bestätigung von positivem Verhalten entschärfen die Situation und animieren beide Typen zum Handeln.

Wenn trotzdem schon so ziemlich alles verdorben ist und es zur allgemeinen Praxis gehört, ständig die Kollegen oder Mitarbeiter die Schuld zuzuweisen, dann hilft nur noch eins, das in jedem Fall die Kommunikation miteinander und untereinander verändern wird:
- Entschuldigen Sie sich beginnend bei einer Person mit dem Zusatz, sich bessern zu wollen bzw. überzeugen Sie Ihre Mitarbeiter das zu tun! Das bringt das Gegenüber in eine völlig neue Situation, die die meisten positiv beantworten. Zu sagen" es tut mir leid, habe ich falsch bewertet oder eingeschätzt" wirkt Wunder.
- In einem Ihrer staff meetings bitten Sie jeden Einzelnen darum, sich selbst mal eine Liste der Probleme zu machen und die Person dazu zu nennen, die ihrer Meinung nach verant-

wortlich ist – also Schuldzuweisung, berechtigt oder unberechtigt. Geben Sie ihnen eine Woche Zeit, das zu tun und fragen Sie eine Woche später das Ergebnis ab. Sie werden sich wundern. Mit jedem Einzelnen können Sie so im Anschluss gemeinsam eine Strategie entwickeln, wie die Person in Zukunft neu denken und handeln könnte, um das Problem zu lösen.
- Ganz Mutige übersetzen das Verhaltensproblem und die Veränderung in ein Spiel, z. B. das bekannte 20-Euro-Spiel, bei dem jedes Mal in Problemsituationen, in denen jemand die Schuld anderen zuweist, zuerst 20 Euro als Strafe zu zahlen hat. Denn, wenn es ans eigene Portemonnaie geht, dann ändern Menschen sich schnell.

„Klagende" im Team können übrigens leicht die Oberhand gewinnen. Es ist wichtig, dass in Teammeetings das Augenmerk verstärkt auf die Mitarbeiter mit einer Einstellung als „Kunde" gerichtet wird.

2. Den Fokus auf Stärken legen!
Wenn etwas nicht gut gelaufen ist, wenn Ziele nicht erreicht wurden, wenn es deutliche Probleme in der Umsetzung oder in der Kommunikation mit Kollegen oder Mitarbeitern gibt – fachlich, im Management, in der Führung – ist der Blick auf das bisher Geleistete, auf die Stärken und die Ressourcen des verantwortlichen Managers oder Mitarbeiters das Wichtigste! Es ist der Schlüssel zur Motivation schlechthin, um wirkliche Veränderungsprozesse in Gang zu setzen, denn der Mitarbeiter oder Manager erwartet in einem Konfliktgespräch genau das Gegenteil. Er erwartet, sich rechtfertigen zu müssen, Schuldzuweisungen ertragen zu müssen und wie ein Depp da zu stehen. Lassen Sie das sein! Er fühlt sich sowieso schon schlecht genug!

Und er wird entsprechend aggressiv reagieren, geht in die Verteidigungshaltung. Ihnen hilft es nicht weiter, der Sache dient es nicht und es löst auch nicht das Problem. Erst recht, wenn Sie ein solches Gespräch oder die Diskussion über die Ursachen von Problemen in Gegenwart von anderen, von Kollegen oder gar seinen eigenen Mitarbeitern praktizieren.

Wechseln Sie die Perspektive, indem Sie sich selbst und der betreffenden Person es ermöglichen, den Blick auf die Stärken und die Ressourcen wieder zu legen!

Stattdessen, helfen Sie ihm! Wechseln Sie die Perspektive, indem Sie sich selbst und der betreffenden Person es ermöglichen, den Blick auf die Stärken und die Ressourcen wieder zu legen! Auf das, was bisher positiv lief und in Zukunft positiv laufen wird.

Negative Bewertungen, negative Formulierungen seitens des Mitarbeiters oder Managers selbst, können Sie in Frage stellen oder gar umdeuten, indem Sie die Vorteile des Negativen entwickeln oder in dem Sie sie in positive Bewertungen umdeuten. Daraus entwickeln sich wieder neue Lösungsansätze! So betrachtet fühlt er sich verstanden und respektiert. Negative Gedanken und Verhaltensweisen können so wieder in positive umgedreht werden. Das ist ein wichtiges Momentum für die Veränderung! Der Veränderungsprozess und die Suche nach neuen, Erfolg versprechenden Lösungen beginnt in dieser Minute. Nicht vorher. Gemeinsam diskutieren Sie jetzt erst – und nicht früher – Möglichkeiten der Lösungsfindung.

Die Art und Weise wie Sie Feedback geben ist eine Schlüsselfähigkeit der Motivation von Mitarbeitern und Managern. Konstruktives und Erfolg suchendes Feedback zu geben, heißt zu fragen „Was lief gut!", „Was ist das Problem?", „Was ist gut daran?" und erst dann „Was kann wie verbessert werden?" Zuhören, nach Optionen fragen, die Lösung von dem Mitarbeiter und Manager entwickeln lassen und sich selbst dabei zurücknehmen.

Vom Mit-Arbeiter zum Mit-Unternehmer!

A brand called YOU! A brand called WE!
Ein Entrepreneur ist eine unverwechselbare Marke!

„Regardless of age, regardless of position, regardless of the business we happen to be in, all of us need to understand the importance of branding. We are CEOs of our own companies: Me Inc. to be in business today, our most important job is to be head marketer for the brand called You. It's that simple and that hard. And that inescapable."

TOM PETERS

Die bekanntesten Entrepreneurs unserer Zeit sind auch deshalb berühmt geworden, weil sie nicht nur eine Produkt-, Design- oder Technologie-Idee verfolgten und umsatzstark realisierten. Sie schufen darüber hinaus unverwechselbare Marken: das Unternehmen und sie selbst. Sie selbst präsentieren sich auf eine bestimmte Art und Weise, um einen hohen Erkennungswert zu generieren und sich als Marke zu profilieren. Sie wurden als Personen ebenfalls unverwechselbare Marken. Karl Lagerfeld, Richard Branson, Bill Gates, David Beckham und Co. Sie entwickeln ein persönliches Markenimage, das auf ihre Welt abgestimmt ist und entsprechend umgesetzt wird. Die künstliche oder zur Schau gestellte Individualität macht den Unterschied. Ihre Stärken, ihr Äußeres und die passenden Attribute, ihre Einstellung, ihre Werte, ihre Emotionen und ihr Mind Set. Das ganze Spektrum ihrer Persönlichkeit wird präsentiert wie eine Art „Gesamt-Kunstwerk", die es mit Inhalten zu füllen und mit den entsprechenden Symbolen zu vermarkten gilt.

Wir selbst begnügen uns mit ihren Labels, mit denen wir uns identifizieren und tragen sie zur Schau. Wir demonstrieren so, wer wir gerne sein wollen. So schaffen wir Gruppenzugehörigkeit mit Gleichgesinnten über die Typendifferenzierung. Konsumenten kennen den Unterschied, der nicht nur mit dem Design etwas zu tun hat, sondern mit den Werten, die dahinter vermutet werden. Geschicktes Branding und die Möglichkeit der persönlichen Identifikation damit lässt sich marketing-technisch leicht transferieren auf alle Zielgruppen und Produkte: von Automobilen bis hin zu Zigaretten. Das Spektrum ist breit und die Reaktion von Zielgruppe zu Zielgruppe unterschiedlich.

> PERSONAL BRANDING IST HEUTE, 10 JAHRE NACH TOM PETERS AUFFORDERUNG, IN ZEITEN VON PERSÖNLICHEN WEBSITES, FACEBOOKS UND CO., PRÄSENZ IN NETWORKS WIE XING, ASW UND CO., E-MAILS, NOTWENDIGER UND WICHTIGER, DENN JE!

Heutzutage geht es um sehr viel mehr! Personal Branding ist heute, 10 Jahre nach Tom Peters Aufforderung, in Zeiten von persönlichen websites, facebooks und Co., Präsenz in Networks wie Xing, ASW und Co., E-Mails, notwendiger und wichtiger, denn je! Wie wollen Sie, wenn Sie mit der Welt kommunizieren, sich selbst am Besten und unmissverständlich darstellen, damit Sie nicht untergehen in der Flut der elektronischen Massenkommunikation oder einfach weggeklickt bzw. in den Papierkorb geworfen werden? Sich mit einem klaren und möglichst attraktiven Markenimage zu positionieren und präsentieren, gehört in der heutigen Zeit zu den so genannten „basics"!

Das Gleiche gilt innerhalb des Unternehmens! Persönliches Branding als Einzelner oder als Team ist dort genau so notwendig, um sich zu profilieren. Der Nutzen für Führungskräfte und Mitarbeiter ist offensichtlich: Menschen mit starken Persönlichkeiten stellen sich als unverwechselbare Brands dar, und die sind einfach erfolgreicher! Sie sind kontaktfreudiger, haben stärkere und engere Beziehungen zu ihren Kunden, Kollegen und Mitarbeitern, was sich vielfach auszahlt. Sie haben einfach den größeren Einfluss auf ihre Mitmenschen. Jedes Unternehmen, das solche Mitarbeiter und Manager sein eigen nennt, profitiert ungemein davon. Sie steigern die Chance für mehr Business, mehr Kunden und mehr Umsatz durch eine bessere „Customer Relationship" – intern wie extern. Das Markenversprechen des Einzelnen ist der Wert des Unternehmens, der kommuniziert wird und den Kunden dann auch erwarten.

In jedem Unternehmen ist das spezifische Wissen um das Mitarbeiter-Portfolio über Stärken/Schwächen-Profilen bekanntermaßen von großem Nutzen, sogar von existenzieller Bedeutung! Wofür stehen einzelne Mitarbeiter bzw. ganze Teams? Welche Stärken und Ressourcen vertreten sie am Häufigsten? Wie verteilen sich die einzelnen Marken „YOU" im Team? Wie fügen sich alle zu einem Team „WE" zusammen?

Solche und weitere Fragen können die Entwicklung von persönlichen Brands beantworten. Marken und Unternehmen wie Philip Morris, Adidas, Coca Cola, H&M, The Body Shop machen es uns vor! Markenentwicklung ist kein Zufall, sondern ein strukturierter Prozess, der erlernt werden kann. Er beginnt mit der Aufstellung der Stärken und Ressourcen, so wie es bereits in den Modulen „Make me feel important!" und „The Power of Focus" beschrieben worden ist.

Stellen Sie ein solches Portfolio anhand der entwickelten Mitarbeiter-„Brands" zusammen. Bitten Sie Ihre Mitarbeiter und Manager um Unterstützung! Es geht nicht darum, persönliche oder private Informationen zu erhalten, sondern darum, ein klareres Bild über die Zusammensetzung Ihrer Teams zu bekommen. Ein Team-Portfolio zur Verfügung zu haben, kann zeigen, welche Fähigkeiten auf welchen KPI's schwerpunktmäßig vorliegen, welche gebraucht werden, wo aktuell Lücken sind und welche geschlossen werden müssen. Es ist ein hilfreicher Prozess und liefert Ihnen wertvolle Informationen, um neue Mitarbeiter und Manager zu finden, die in das Unternehmen passen.

Wie können nun Mitarbeiter und Manager ihre persönliche brand called YOU, ihr Markenbild, entwickeln und kommunizieren? Die übergeordnete Frage lautet: In welchen Bereichen können Mitarbeiter oder Manager einen Unterschied machen! Wo sind sie anders oder besser als die Kollegen, als die Wettbewerbskollegen in anderen Unternehmen.

Als Nächstes fragen Sie sich, welchen Nutzen bietet jeder für sein Team, die Abteilung oder das Unternehmen gesamt? Über welche

> DER NUTZEN FÜR FÜHRUNGSKRÄFTE UND MITARBEITER IST OFFENSICHTLICH: MENSCHEN MIT STARKEN PERSÖNLICHKEITEN STELLEN SICH ALS UNVERWECHSELBARE BRANDS DAR, UND DIE SIND EINFACH ERFOLGREICHER!

Vorzüge, Fähigkeiten und Stärken verfügt jeder Einzelne. Sind es besondere strategische Qualitäten, ist es das Denken in Kosten/Leistung und der Optimierung von Finanzen oder ist es eine hervorragende Customer Relationship – Qualität? Oder sind es Macher – bzw. generelle Managementqualitäten? Ist es das, wofür Sie bzw. der Einzelne wirklich stehen möchte oder gibt es noch andere Qualitäten, die vorhanden sind, aber nicht gezeigt werden? Erhalten diese die Chance, diese Fähigkeiten, Management- und Führungskompetenzen zu kommunizieren?

Fragebogen zur Entwicklung der Marke „YOU" bzw. „WE"!

1. Welches sind die wichtigsten Charaktereigenschaften _____ oder des Teams?

2. Was kann _____ am Besten?

3. Wo liegen die Hindernisse/Herausforderungen von _____?

4. Wie verhält sich _____ bei Konflikten oder Problemen?

5. Was ist im Leben besonders wichtig?
Welches sind die 3 höchsten Werte?

Fragebogen zur Entwicklung der Marke „YOU" bzw. „WE"!

6. Welche Ziele strebt _____ an?

7. Wie wird _____ von anderen Menschen gesehen?

8. Wie würde _____ selbst gerne gesehen werden?

9. Was ist an _____ so einzigartig?

10. Welche Fachkompetenz bringt _____ ein?

Im nächsten Schritt geht es darum, die Erkenntnisse zu strukturieren in zwei Bereiche:
- Aufbau und Struktur der Marke „YOU" bzw. „WE"!
- Kommunikation der Marke „YOU" bzw. „WE"!

Aufbau und Struktur der Marke „YOU" bzw. „WE"!

Nehmen Sie sich die Antworten zu den oben angegeben Fragen vor und gruppieren Sie sie ein in die folgenden Segmente – für einzelne oder das Team:

1. Markenpositionierung
Wie positionieren Sie _____ im Vergleich zu den Anderen?

2. Zielgruppe
Zielgruppe (wer genau!):

Interne:

Externe:

Aufbau und Struktur der Marke „YOU" bzw. „WE"!

3. Markenversprechen
Nutzenversprechen (einzigartiger Nutzen/Stärke der Person/des Teams:

Rationaler Nutzen (z. B. Fachkompetenz):

Emotionaler Nutzen (z. B. wirkt ausgleichend):

4. Markencharakter/Markenidentität:
(Charaktereigenschaften/Fähigkeiten national/international etc.)

Kommunikation der Marke „YOU" bzw. „WE"!
Nun geht es darum, diese brand „YOU" oder „WE" das Team, das Unternehmen entsprechend zu kommunizieren.
Wer ist die Zielgruppe bzw. sind die Zielgruppen? Die Antwort bestimmt die persönliche Kommunikationsstrategie!

Den richtigen und angemessenen Kommunikationsstil gilt es zu entwickeln. Jedes Detail zählt! Es beginnt damit, wie Sie am Telefon oder per E-Mail agieren bzw. reagieren; wie Sie Meetings gestalten und wie Sie sich generell in Meetings verhalten (sprechen Sie immer zuerst; schweigen Sie lieber?); wie Präsentationen und Vorträge aussehen – optisch wie inhaltlich; wie das Auftreten generell ist, von der Kleidung angefangen bis zu der Art und Weise, wie Menschen im Unternehmen begrüßt werden – von der Empfangsdame bis zum CEO; wie sich auf Konferenzen präsentieren und wie auf der Weihnachtsfeier; ob Mitarbeiter, das Team und andere Manager unterstützt werden in ihrer Arbeit oder sich eher zurückziehen? Welches sind die persönlichen „key performance indicators" und wie ist die Reputation in diesem Zusammenhang? Ist jeder glaubwürdig in dem was er sagt und tut?

Achtsamkeit ist gefragt. Es wäre empfehlenswert, wenn Sie ausgewählte, Ihnen wohl gesonnene Kollegen in den Prozess einweihen und um Feedback bitten. Das stärkt Sie und fördert das ganze Team.

Kommunikations-Maßnahmen

Make a Difference!
Sie sind das Vorbild!

Make a Difference! Sie sind das Vorbild!

"Der eine wartet, dass die Zeit sich wandelt, der andere packt sie kräftig an und handelt!"

DANTE ALIGHIERI

Erfolgreiche Menschen sind meist gewöhnliche Menschen mit einer außergewöhnlichen Entschlossenheit und das ist angeblich der einzige Unterschied. Das gilt im persönlichen Leben genau so wie in der Berufswelt. Erfolgreich werden zu wollen oder gar zu sein, heißt nicht, wie so viele behaupten, deshalb selbstsüchtig oder egoistisch zu sein. Erfolg hat viele Facetten! Erfolg kann zum Beispiel auch heißen, den Schmerz eines Menschen zu sehen und zu helfen, ihn zu lindern! Oder das Problem eines Menschen zu sehen und helfen es zu lösen! Oder einfach jemandem einen Wunsch zu erfüllen, ohne darum explizit gebeten worden zu sein. Menschen, die so handeln, sind erfolgreich.

Am Ende des Tages gibt es letztlich nur die 4 Bereiche, über die wir im Leben selbst die Kontrolle haben:
1. unsere Gedanken
2. unsere Emotionen
3. unser Selbst-Image
4. und unsere Handlungen.

Alles beginnt mit unseren Gedanken. Sie bestimmen die Richtung und alle anderen Bereiche. Die richtigen Gedanken beeinflussen die Motivation. Motivation, die etwas bewirkt, kommt aus dem Inneren! Wenn Sie die für sich selbst anfachen können, dann denken und handeln Sie wie ein Entrepreneur, egal was Sie tun! Wenn Sie andere dazu bringen, deren eigene Motivation anzuzünden, indem Sie sie unterstützen, selbstständig zu denken und zu handeln, dann machen Sie aus denen Entrepreneurs bzw. Mit-Unternehmer.

Sie sind das Vorbild! Sie sind es, ob Sie wollen oder nicht. Wissen per se einfach nur zu besitzen und nicht in Aktionen umzusetzen, ist verschwendete Zeit! Viele von uns verbringen ihr Leben so, als hätten sie noch ein zweites auf der Bank deponiert! Nutzen Sie ihre Zeit als Führungskraft! Zeigen Sie neue Wege, wie Mitarbeiter und Manager miteinander umgehen können. Ermutigen Sie sie zu Entrepreneurship, zum Mit-Unternehmertum! Damit verändern Sie nicht nur den Mikrokosmos, sondern vielleicht sogar das große Ganze!

Ich bin angetreten, um die Führungskompetenz von Executives und Managern mit Mitarbeiterverantwortung, d. h. die Art und Weise wie sie Menschen führen und motivieren, kritisch zu hinterfragen! Statt Mitarbeiter zu bestärken, lösungs- und resourcenorientiert zu agieren, statt ihnen Verantwortung zuzutrauen und emotionale Sicherheit zu geben, sind oftmals Gleichgültigkeit, Herabsetzung, Drohungen und Aggressionen verschiedenster Art an der Tagesordnung. Täglich, bei Managern in Europa, nicht nur in Deutschland. Verhaltensweisen, die natürlich nicht an die Öffentlichkeit gelangen, da die meisten Angst um ihren Job und andere Verluste haben. Menschen zu motivieren und zu führen ist eine Kunst. Sie nicht zu beherrschen, führt zu den bekannten Reaktionen: Dienst nach Vorschrift, Wechsel zum Wettbewerber, erhöhte Krankenstände bis zum Burn-Out-Syndrom.

Alle negativen Verhaltensweisen, die in dem Buch beschrieben sind, entsprechen den Tatsachen und sind mir passiert. Nichts ist erfunden. Jedes Wort, jede noch so harmlos beschriebene Aktion, die in Wirklichkeit gar nicht harmlos war. Sie sind so neutral wie möglich beschrieben, um Alternativen so professionell und glaubhaft wie möglich zu skizzieren. Dieses Buch ist als Praxisbuch für Manager gedacht. Instrumente und Coaching-Tools wurden beschrieben, die helfen, neue Perspektiven einnehmen zu lassen und in der Anwendung ein neues Führungsverhalten an den Tag zu legen. Das ist der Nutzen dieses Buches: Lösungen entwickeln, Unterstützung geben, Perspektiven und Sichtweisen verändern und damit die Motivation wachsen zu lassen – auf beiden Seiten.

Allen Schwierigkeiten, Diskussionen und manchmal Fallstricken zum Trotz, lassen Sie sich nicht davon beirren! Gehen Sie den Weg weiter! So wie es einst Kent Keith 1968 an der Wand des Kinderheimes Shishu Bhavan in Kalkutta geschrieben hat:
„Anyway!" („Egal")
1. Menschen sind oft unlogisch, egoistisch und uneinsichtig ... egal, vergeben Sie Ihnen trotzdem!
2. Wenn Sie liebenswürdig sind, dann wird es Menschen geben, die Sie als selbst-bezogen und berechnend beschuldigen ... egal, bleiben Sie trotzdem liebenswürdig!
3. Wenn Sie erfolgreich sind, werden Sie einige wahrhaft falsche Freunde gewinnen und ein paar richtige Feinde dazu ... egal, seien Sie trotzdem erfolgreich!
4. Wenn Sie ehrlich und offen sind, mag es Menschen geben, die Sie betrügen ... egal, bleiben Sie trotzdem ehrlich und offen!
5. Das, wofür Sie Jahre gebraucht haben aufzubauen, kann über Nacht zerstört werden ... egal, bauen Sie trotzdem wieder auf! Geben Sie nicht auf!
6. Wenn Sie endlich Gelassenheit und Heiterkeit gefunden haben, werden einige eifersüchtig werden ... egal, bleiben Sie trotzdem gelassen und heiter!
7. Das Gute, das Sie heute tun, wird morgen bereits vergessen sein ... egal, tun Sie trotzdem das Gute!
8. Geben Sie der Welt von sich das Beste, das Sie haben und es wird vielleicht nicht genug sein ... egal, geben Sie trotzdem Ihr Bestes!
9. Schlussendlich geht es nur um Sie und um Gott. Es ging nie um Sie und die Anderen!

Mitarbeiter können den Schritt zum Mit-Unternehmer innerhalb eines Unternehmens gehen, wenn Manager sie dabei unterstützen und sie machen lassen. Zusammengefasst ist das der Schlüsselfaktor für die Motivation. Machen Sie einen Unterschied in dem Leben Anderer und starten Sie durch, denn Sie wissen ja:
„The speed of the Leader is the speed of the Gang!"

Literatur- und Quellenhinweise

David R. Caruso/Peter Salovey: *Managen mit emotionaler Kompetenz*, Campus Verlag, Frankfurt/New York 2005

Jack Canfield with Janet Switzer: *The Success Principles*, Harper Collins, New York 2005

Ram Charan, u.a.: *The Leadership Pipeline – How to Build the Leadership-Powered Company*, Jossey-Bass, San Francisco 2001

James M. Citrin, u.a.: *Das Geheimnis außergewöhnlich erfolgreicher Karrieren*, Campus Verlag, Frankfurt/New York, limitierte Sonderausgabe 2006

Stephen R. Covey: *The 7 Habits of Highly Effective People!*, Fireside, New York 1990

Robert B. Dilts: *Die Veränderung von Glaubenssystemen*, Junfermann Verlag, Paderborn 2002

Klaus Doppler, Christoph Lauterburg: *Change Management! Den Unternehmenswandel gestalten*, Campus Verlag, Frankfurt/New York, 7. Auflage 1998

Peter F. Drucker: *Die ideale Führungskraft*, Econ Verlag, München 1996

Peter F. Drucker: *Management im 21. Jahrhundert*, Econ Verlag, München 1999

G. Faltin, u.a.: *Entrepreneurship! Wie aus Ideen Unternehmen werden!*, Verlag C.H.Beck, München 1998

Marshall Goldsmith, u.a.: *Coaching for Leadership*, Jossey-Bass Pfeiffer, San Francisco 2000

Marshall Goldsmith mit Mark Reiter: *Was Sie hierher gebracht hat, wird Sie nicht weiterbringen*, Riemann Verlag, München 2007

Jay Goltz: *The Street-Smart Entrepreneur*, Goltz, Omaha, 1998

Klaus Grochowiak: *NLP Master Handbuch*, Junfermann Verlag, Paderborn 1999

Bella Linda Halpern/Kathy Luber: *Leadership Presence*, Gotham Books, New York 2003

Harvard Business Review on Entrepreneurship, Harvard Business School Press, Boston 1999

Gary Hamel with Bill Breen: *The Future of Management*, Harvard Business School Press, Boston 2007

John Heider: *The Tao of Leadership*, Humanics New Age, Atlanta, 8. Auflage 1997

Frederik M. Hudson: *The Handbook of Coaching*, Jossey-Bass, New York 1999

Manfred Jahrmarkt: *Das Tao Management*, Haufe Verlag, Freiburg, 3. Auflage 1991

Susanne Klein: *50 Praxistools für Trainer, Berater, Coachs*, Gabal Verlag, Offenbach 2007

Peter Koestenbaum: *Leadership – The Inner Side of Greatness*, Jossey-Bass, San Francisco 2002

John B. Miner: *The 4 Routes to Entrepreneurial Success*, Berrett-Koehler Publishers, San Francisco 1996

Douglas McGregor: *The Human Side of Enterprise*, Mc Graw Hill, New York 2006

Ursula Oppermann-Weber: *Handbuch Führungspraxis*, Cornelsen, Berlin 2001

Tom Peters in Fast Company Inc: article *The Brand Called You*, August 1997

Tom Peters: *The Circle of Innovation*, Verlag Alfred Knopf, New York 1997

Anthony Robbins: *Awaken the Giant Within*, Free Press, New York 2003

Thomas Rückerl: *Sinnliche Intelligenz*, Junfermann Verlag, Paderborn 1999

John A. Schindler: *How to live 365 days a year*, Running Press Book Publishers, Philadelphia 2002

Joseph A. Schumpeter: *Essays on Entrepreneurs, Innovations, Business Cycles, and the Evolution of Capitalism*, Transaction Publishers, New Brunswick/London, 3. Auflage 1997

Peter Senge, u.a.: *The Dance of Change! Die 10 Herausforderungen tiefgreifender Veränderungen*, Signum Verlag, Wien/Hamburg 2000

John O. Stevens: *Die Kunst der Wahrnehmung! Übungen der Gestalttherapie*, Chr. Kaiser Gütersloher Verlagshaus, Gütersloh, 14. Auflage 1996

Paul A. Watzlawik, u.a.: *Menschliche Kommunikation*, Verlag Hans Huber, Bern/Göttingen/Toronto/Seattle, 10. Auflage 2000

Paul A. Watzlawik, u.a.: *Wie wirklich ist die Wirklichkeit?*, Wunderlich Verlag, Reinbek 2000

Über die Autorin

Gabriele Euchner, Dipl. Kfm., internationale Management Coach und Trainerin, berät Executives und Senior Manager von Fortune 1000 Unternehmen in Deutschland und der Schweiz bei Programmen zur Entwicklung von Führungskräften, Führungsverhalten und bei Veränderungsprozessen.

Gabriele Euchner verfügt über extensive Managementerfahrungen in Marketing & Sales sowie in der Führung von Divisionen, Regionen und festen bzw. freien Mitarbeitern (bis zu 12.000) in internationalen Konzernen wie Philip Morris, Kraft Foods, Reemtsma, J&J bis zum Geschäftsführer/GM Central Europe Mary Kay Cosmetics (Direktvertrieb).

Als Management Consultant hat sie Manager in Marketingstrategie, Markenentwicklung, Marken Management und Kommunikation beraten und trainiert. Auf Basis von Job Descriptions und Key Performance Indikatoren entwickelte und realisierte sie das Konzept und Curriculum für die „International Marketing Academy" im Auftrag der Firmen Reemtsma (heute Imperial Tobacco) und Deutsche Bank. Zusammen mit weiteren internationalen Dozenten brachte sie das Management- und Marketing Know-how von Marketing Managern aus West-, Central- und Ost-Europa sowie Asien auf ein international anerkanntes Niveau. Für Reemtsma leitete sie diese Academy 5 Jahre.

Aufgrund der langjährigen Managementpraxis in unterschiedlichen Branchen und Positionen kennt sie die Herausforderungen und Veränderungen in Organisationen und Unternehmenskulturen aus erster Hand. Gabrieles Management Coaching und Training basiert auf der Fähigkeit, Anforderungen an das Management schnell zu erkennen und mit einem ressourcenorientierten Ansatz maßgeschneiderte Lösungen zu entwickeln. Als Business Coach und NLP Master ausgebildet hilft sie Managern bei der

ÜBER DIE AUTORIN

Führung von Mitarbeitern, neue Perspektiven einzunehmen und alternatives Führungsverhalten zu entwickeln.

Sie ist Dozentin für „International Marketing" an der Munich Business School und hält Vorträge bzw. Trainings unter anderem für das Management Forum Starnberg, ZFU Zürich, AMD München, Capgemini Köln. Sie gibt Coachings einzeln und für Teams wahlweise in deutsch oder englisch.

Gabriele Euchner ist ebenfalls Autorin des Managementwerks „Erfolg als Entrepreneur: Der Qualitätscheck für die neue Managergeneration!", veröffentlicht durch Financial Times Deutschland, München 2000.

Seit 2001 ist sie Mitglied des „International WHO's WHO" of Entrepreneurs; seit 2007 Mitglied der „International Coach Federation".

Kontakt:
International Management Coaching
email: ge@internationalcoaching.biz